JN438218

아름다운 끝자락

南岡 李鍾遠 第7詩文輯

아름다운 글자락

청옥

시인의 말

아흔다섯 너무 오래 살지 않았나 싶다.

天運으로 양반 핏줄 大地主 집안에서 도련님, 서방님으로 호강을 누리며 자라다가 일본제국 침략자들의 지원병 입대, 사할린 탄광 노무자 징용 등의 강압에 못 이겨 구 소련과 만주의 국경 북만주 黑龍江 툰드라 대평원으로 탈출, 조선개척단 학교에서 비밀리에 조선 아이들에게 일본말 교과서 찢어 불태워 버리고 한글을 가르치고 조국 독립사상을 강압적으로 일깨워주고 소련 땅으로 탈출을 시도하다가 일본의 항복으로 구사일생으로 돌아와 서울에서 중학교 교편을 잡다가 6.25로 고향에 돌아와서는 모든 것 다 떨쳐버리고 사냥과 낚시로 망각의 나날을 보내다가 20여년 기-ㄴ긴 나날 야생동물보호와 자연보호에 가진 힘을 다 쏟았다.

오늘 삶의 끝자락에서 되돌아보니 아쉬움도 많았으나 아름다운 삶이었다고 무척 기쁘다.

모자라는 글이라고 나무랄지라도 내 느낌 그대로를 표현했다고 믿으며 누구나 다 느낄 수 있는 쉬운 직유법으로 쓰려고 노력했다. 그리고 한자는 풀이해 쓰려고 애썼다.

잠깐 머물다 갈 이 작은 별 위에서 어떻게 삶을 영위하는 것이 올바른 길이며 아름다운 삶인지 긴긴 나날 괴로워했으며 “남을 속일지라도 자기 자신은 속이지 말자”라는 좌우명을 걸어놓고도 호모사피엔스의 후예이며 유인원의 진화물인 두발로 직립보행하는 만물의 영장이란 이름을 가진 동물이기에 못다 이룬 아쉬움이 가슴 아프며 空手來空手去라 했거늘 허욕을 버리고 마음 비우려고 무척 몸부림치며 괴로워했다.

한참 모지라는 글이나마 이 한 권의 시문집을 마지막 흔적으로 지구란 아름다운 이 푸르른 별 위에 남기고 가련다.

2016년 봄

著者 南岡 李鍾遠 識

차례

제1부 사랑했던 사람아

제2부 아름다운 지구별

제3부 은하수 너머 너머

제4부 詩 밥

제5부(수필) 호모사피엔스

제1부
사랑했던 사람아

하얀 밤

사랑하고자 하는 그리움
그 아름다운 꿈

허욕이라고
버려야 할 욕심이라고

그 허허로운 욕망을 끌어안고
되돌아 눕고 또 되돌아 눕고
하얀 밤이 깊어만 간다.

수평선

하얀 등대 너머, 너머
구름과 맞닿은 아슴아슴 거기
가마득 보일 듯 보일 듯
가고픈 내 그리움

꿈인 듯
임인 듯

긴 한숨

바닷가에서

까마득 수평선 그 너머 너머 안갯속
몸부림치며 울부짖는 허무 거기에
내 그리움 묻어놓고

오늘도 또 목멤에 젖어
아스라이 손짓해본다

가버린 사람아 가버린 사람아
사랑했던 사람아.

겨울 연가

삼라만상 모두가 고요의 늪에 잠기고
별마저 잠든 캄캄한 새벽 두 시
겨울 연가 재방송에 눈시울이 뜨거워

하소연해 볼 뉘 없고
더불어 울어 줄 뉘 없어

라면 한 사발의 시장기에
별나라 가신임 사진 앞에 내민
후루룩 따뜻한 이 국물.

호수에 별이 총총 내리거든

예쁜 핸드백 하나
그리움 가득 채워
가져 왔는데

달이 뜨거든
내게로 오라
삼라만상이 깊이 잠들거든
분 바르고
다가오라

호수에 별이 총총 내리거든
연지 찍고
입술 짙게 칠하고
다가오라

입술 짙게 칠하고
다가오라

다가오라.

한 五百年

니캉 내캉
한 五百年

아무렴
그래 그래

천년만년千年萬年
억겁년億劫年

그렇구 말구

파도

선달그믐
무슨 못다 한 그리움 남아
철썩 처얼썩
하얗게 부서지고 또 부서지고

해운대 모래알 끌어안으려고
어린이 발목 붙들려고 달려들고 또 달려들고
우르르르 또 우르르르

* 해운대 그린나레호텔 vip실에서 자녀들과 3박 4일 생일잔치를 보내며.

까만 30년

입안 가득 머금은 아릿한 커피 향이
왈칵 울음으로 터지는 이 밤
먼 남쪽 하늘가
빨간 포물선 외로운 별똥별 하나

그 사람 떠나간 지 까만 30년
원망스럽고 그리운 먼 먼 별나라 거기
아직도 이 가슴을 쥐어짜는 쥐어짜는.

응급실

당신 잘못되면
나
못살아

왈칵 목이 미어져
눈물만

여보 여보.

꾸부정 꺾인 내 등허리

무거운 짐 얹어 본 일 없는데
눈비가 쌓이고 바람에 짓눌려
이렇게도 무거운가
떠난 임 불상해
그렇게도 무거운가

한숨 가득 업혀있는
꾸부정한 내 등허리.

사랑했던 사람아 사랑했던 사람아

어느 하늘 어느 은하수에 계십니까 당신

이렇게 잠 이루지 못하는 밤이면
아슴아슴 속눈썹에 매달려
외로운 가슴 갈기갈기 찢어놓습니다

슬픈 날 즐거운 날
긴 안타까움 되어
허허로운 몸뚱어리 짓누릅니다

어쩌다가 몸져누우면
당신은 원한이 되고 한숨이 됩니다

여보
가끔 가끔 흐느낌으로 불러봅니다
사랑했던 사람아 사랑했던 사람아.

꿈속 거기

– 하늘나라 아내에게 바치는 노래

눈물 가득 머금은 그 아린 눈으로
날 찾아오시렵니까
애타게 기다리느라 떨리는 얇디얇은 입술로
날 부르시렵니까
예쁘디예쁜 그 인자한 얼굴로
날 맞이하시렵니까

잠자리 날개보다 더 아름다운 옥색 치마 연분홍 저고리로
내 앞에 나타나시렵니까
머-언 먼 은하수 가장자리 찬란히 빛나는 조그만 별 되어
날 기다리시렵니까

뒤척이고 또 뒤척이는 내 꿈속 거기
어느 지하철역 분수대 만남의 광장
아무리 기다려도 당신은 오지 않았습니다
그 황홀한 자리에서 24시간 내내 365일 내내
난 당신을 기다리는데
수많은 젊고 예쁜 여인들이 내 앞을 스쳐 지나가는데
아슴아슴 내 속눈썹에 아롱이는 당신 얼굴은
영영 찾을 수가 없었습니다

목구멍이 찢어지도록 통곡하고 불러 봐도
대답 없는 당신이여
어느 날 어느 때에 오시렵니까

내 꿈속 거기.

사랑이란 그리움이란

먹구름의 통곡인가 폭풍의 울부짖음인가
하늘마저 무너져
몸부림치며 흐느끼며 나뒹굴며

짝 잃은 억머거리 멍멍 그리움
지우고 지우고 또 지웠는데
가슴속을 파고드는 쓰디쓴 어제 그제
사랑이란 그리움이란.

정

어쩌란 말이냐 어쩌란 말이냐
날 어쩌란 말이냐

하늘도 무심하고 땅도 쓸데없어라
삶 그것 또한 허무할 뿐이어라
목숨 그것 또한 별것 아니어라

그 정에 목메어 몸부림치며
사랑에 울고
그리움에 울고.

하루살이

단 한 번만의 사랑이 삶의 전부인 넌
아예 입마저 없어 먹지도 못하고
하늘로 하늘로 높이 높이 치솟아
임을 끌어안으면
오! 황홀함이여 행복함이여

뭣 땜에 사는지 뭣 땜에 먹는지도 모르는
멍청한 두발짐승보다
엄청 행복하고 위대하고 보람 있는 너

나도 이젠 비우고 또 비우고
아름다움 찾아 참됨 찾아
저 별나라 가신임 찾아 헤매봐야겠구나
사랑아 사랑아 외쳐 봐야겠구나.

초승달

높이 높이 지붕만큼
얼기설기 전기 줄 좁고 좁은 틈새에 숨어
빼끔히 지켜보는

좋아했었나 봐

* 지팡이에 얹혀 어거정 어거정 돌아오는 어두컴컴 골목길 전봇대 전기 줄 좁은 틈 사이로 날 지켜보는 예쁜 눈망울 하나 하늘나라 그 사람인가? 아직도 못 잊어 그러나.

창窓

비둘기 한 쌍 구구구 입 맞추고 놀던 창가
참새 둘 셋 볕 바래기 하다 가면
이파리들 날아들어 수다를 떨고
봄바람도 꽃을 꺾어 사랑한다 흔들어

시샘 많은 햇빛이 방안을 훔쳐보니
라면 냄비 보글보글 저 혼자 끓고
짝 잃은 늙은 영감 앞치마 고무장갑

배고픈 그믐달이 살금살금 숨어들어
한 숟가락 퍼 담은 어여쁜 반달접시
매콤달콤 국물이 넘쳐흐르고
은하수도 따라와 깜박깜박 기웃대니
무슨 생각 긴 한숨 늙은 홀아비

날밤을 창 지키는 하늘나라 할머니.

눈물

저 혼자 스며 올라
통곡 품은 물방울

흐르면 흐르는 대로 번지면 번지는 대로
그냥 두자

한없이 깊고 깊은 곳에 숨어
마음만 아파해도 그 사람만 생각해도
이렇게 이렇게 솟아나나 보다
길 잃은 나그네.

제2부

아름다운 지구별

내 시詩를 먹고산 여인

내 시를 머금고 천 리 길
울며불며 달려와
사랑에 빠져 행복에 빠져
다섯 해

내 시와 더불어 꿈속에 살다가
내 시집 끌어안고
별나라로 떠나간 그 사람
아직도 읊고 있을까 그 시, 시, 시.

구두 한 켤레

엄청 큰 입 있어도 말 한마디 않고 먹지도 않고
가슴 모조리 비우고 주인님 위해 죽는 그 날까지
무겁다 하지 않고 힘들다 하지 않고
진자리 마른자리 뻘 구덩이 험한 산
회식자리 시인 모임 낭송회

설날 추석 제삿날엔 먼먼 고향 땅 가족묘지 거기
주인님 아버님 어머님 산소 앞
공손히 두 손 모아 은혜와 명복의 기도 올리고
먼저 가신 부인님 묘 앞
주인님 옆자리 가슴 크게 열고 앉아
주인님 두 번 절하고 깊은 묵념 잠길 때
있던 날 뵈옵지 못했어도
주인님 슬픔에 따라 아파하며 명복을 빌고

마음 비우려는 주인님 본받아
따뜻한 그 체온 그 정에 젖어
모자람 없는 한평생
봉사로 사랑으로 가득 채우고픈.

가난

밍밍밍밍~~ 밍밍밍밍~~
사랑을 부르는 매미 울음 가슴 찢어지는데

건드렁 건드렁
서방은 노름방 술집으로 맴을 돌고

꾸루룩 꾸루룩
아이들은 학원비를 울어대나니

흐르륵 흐르륵
여자의 한평생 아 야 어 여 오 요 우 유.

또 눈이 내리면

피마저 얼어붙는 영하 오십 도
주먹 같은 눈보라가 또 휘몰아치면
나라 잃은 방랑자 얼어붙은 가슴속
북만주 툰드라 황량한 국경 언저리
백마야 어서 가자 조국이 운다

갈 곳 없는 나그네 벌판 끝 다다르면
지평선 너머너머 먼먼 남쪽 내 고향
처자식 부모형제 그리워라 그리워
서글픈 가슴속 오늘도 또
눈보라는 휘몰아치는데.

빗살무늬 기와를 씻으며

비뚤비뚤 억세게도 못생긴 옛날 옛적 기왓장 하나
서툴게 그어놓은 빗살무늬 그 무늬 하나하나를
나일론 솔로 수세미로 곱게 곱게 문질러 닦는다

영욕에 찌든 인간 세상 흙먼지들 삶의 찌꺼기들
허욕에 싸인 속내 하나하나
아름답게 닦아낸다

구하기 힘든 이백 년 넘게 오래된 기왓장 그 위에
두 주먹만큼이나 커다란 다섯 해 자란 풍난 한 포기
예쁘게 고이 붙여 물 주고 정 주고

예쁜 꽃 가득 피면 싱그러운 그 향 사방천지 풍기면
뜨거운 이 맘 정든 임 당신에게 주고파
부푼 가슴속 그리움 가득 끌어안고
빗살무늬 기와를 문질러 씻고 또 씻고.

6월이 오면

따발총이 울부짖던 그 처참한 골육상쟁 태극기와 인공기가 교차하는 피비린내 나는 아우성
꼭 그랬어야만 했던가.
상처뿐인 영광 고통뿐인 평화 승리를 외치며 달려가 재가 되어 돌아온 젊은이들 동작동은 흰 치마저고리로 물결치고 하얀 국화꽃으로 덮여있다 곱게 다듬은 돌들만 한 줄로 누워있고 이름 석 자 비석들만 열 지어 서있다 진정 그 피의 대가가 이것뿐이란 말인가 내 남편 내 아들 내 형제 내 겨레의 목숨과 바꾼 승리가 이것뿐이란 말인가 뼈아픈 추억의 6월 그날이 오면 묵념을 올리고 때론 눈물도 흘려야한다 어금니 굳게 굳게 악물고 조기를 달자.

복덩이

고추가 달랑달랑
서툰 거름걸이 아장아장 너무 귀여워

엄지발가락 아작아작 깨물어
눈물 뚝뚝 울어대는 우스꽝스러움이
그렇게도 어여뻐

눈물 쪼르르
춤을 추며 박장대소

새끼손까락 갸륵갸륵 깨물어
와락 울렸다가 끌어안는

하늘에서 떨어진 복덩이 내 새끼
금자동아 은자동아.

오리온 내 아버지 별

면장面長 월급 12엔圓*을 기나긴 4년 나날 몽땅 다 뭉쳐
4백 여엔 큰돈으로 사립학교 세워 공립으로 올려바치시고
조선민립대학 창립운동, 문맹퇴치, 민족 계몽…

일가친척 서른두 집 저축계 모아 모두의 가난 물리치시고
월사금, 공책, 연필, 구휼미救恤米 나눠주시니 모두가 내 가족
공자 맹자 그 어진 가르침 이어받아 베푼 업적
성균관 판서, 참판, 승지, 팔도도유사의 연명표창 받으신 그
발자취

오- 거룩하셨던 내 아버지
은하수 너머 너머 찬란히 빛나는 오리온 별이시어.

* 엔: 1922년 일본 돈.

만추晩秋 단상斷想

엘크사슴* 큰 뿔 자랑하며
진종일 쉰 목소리로 짝 부르는 하늘가

먼먼 북녘에는 머지않아 온 천지 눈이 휘날리겠지
가랑이가 찢어지게 펑펑 쏟아져 쌓이겠지
영하 50도 하늘마저 얼어붙는 시베리아 국경지대
북만주 툰드라 대평원 거기

내 제자 그 아이들은 지금도 말을 달리겠지
눈썰매도 타겠지 충경개척단 국민우급학교** 언저리
잘 살고 있는지 모르겠구나
두루미 따라 내려오면
참 좋을 텐데.

* 엘크사슴: '말코손바닥사슴'을 유럽에서 이르는 이름.
** 국민우급학교: 일제 때 충천도 경상도의 가난한 농민들을 모아 만주벌판에 세운 개척단내의 초등학교.

삐딱하게 서서

멀 그리 멍청하게 바라만 보고 있나
삐딱하게 서서

무도 배추도 다 뽑아 가버렸는디
이젠 토끼도 고라니도 안 올꺼여
왼 종일 그렇게 서있지만 말구
어디 경로당에라도

치매인가
나이 들면 다 그렇게 되는 거여
그거 건망증이란 거여

이제 곧 서리도 내리고 또 눈도 올꺼여
그 옷으론 치울 텐데
헌 담요라도 한 장 없는 감
주인네 집 할멍구가
씨래기국 이라도 한 사발 안 갔다 주디

딱도 하군
그러고 보니 너도 홀아비구먼
쇠마구간이나 헛간에라도 가지 않고
이젠 저승으로 갈 날도 다 되었는디

누구처럼.

음악을 틀어놓고

종종걸음으로 가곡을 틀어놓고 내 앞 식탁에 와 앉는다.
'맛있는 음식 먹게 해줘서 고맙습니다'.
난 두 손을 모으고 눈을 감았다.

"된장찌개가 너무 짜지 않나요?" 미안한 듯 말을 건넨다.
"아니요 괜찮아요." 난 한 번 더 찌개를 떠먹어본다.
"깻잎 장아찌가 많이 남았어요? 참 맛있는데".
"아니 이게 다요, 요담 오일장에 가서 더 사와야겠어요."
"미역국에 넣은 게 뭐요 통조림 꽁치?"
"ㅎㅎㅎ 맛있지요!!"
"큰 메느리가 보내준 김치가 참 맛있죠?"
"응 정말 맛있네요."

"우리 크리스마스이브엔 오색촛불 좍 켜놓고
케이크도 자르고 와인도 한 잔씩 하면서…"
"그래요 트리도 하나 있으면 좋을 텐데…
옛날에는 팔았는데 꼬마전등도 사다가…"

음악이 끝났다.
뛰어가 치고이너바이젠* 바이올린 쏠로를 틀어놓고
행복을 보듬고 빙그레 비너스가 된다.

* 치고이너바이젠Zigeunerweisen: 파블로 데 사라사테(스페인어: Pablo de Sarasate, 1844년 3월 10일 ~ 1908년 9월 20일)의 작품. 사라사테는 스페인의 바이올린 연주자이자 작곡가이다. 19세기의 가장 뛰어난 바이올리니스트의 한 사람이다.

산다는 것은

두 주먹 불끈 움켜쥐고 왔다가
두 손 훨훨 털고 떠나가는
잠깐 스쳐지나가는
이 낯선 작은 별 위에서
영욕의 아귀다툼

더불어 웃고
때로는 눈물을 보이기도 하고
다 그런 것 아니던가

옳은 것
옳지 못한 것
하늘만이 판단하고 심판할 수 있는
테두리

아서라 바람 부는 대로
물결치는 대로.

삶의 언저리

창조와 진화
신과 호모사피엔스

옳고 그름의
시작도 끝도 없는
말 겨루기의 테러리스트여

난 지금
보리밥 한 덩어리와 김치 한 조각이
절실한 바람(望)이란다.

삶과 비움

사람 인人 자字 가슴에 크게 새겨 보듬고
보람 있는 삶 아름다운데
욕심이란 검은 그림자 아직도
어둠 속 깊은 거기 남아있었단 말인가

힘겹게 넘어야 할
유인원類人猿과 인간의 갈림길

이미 어스름 노을 다가왔는데
어이하랴 어이하랴
참되고 아름다운 내 삶.

설날

버선 신고 대님 매기가 어려워 울어대던 설날 아침
색깔 고운 비단 바지저고리에 두루마기 의젓하게
첫새벽 아버지 어머니께 절 올리고
온 동네 어르신들께 세배하러 다니던
아홉 살 그 옛날 도령님
천하가 모두 내 것이었던 꿈 많았던 흘러간 나날들

아흔다섯 병신년 설날 아침 열두 시
이제야 겨우 빵 두 쪽 커피 한 잔
아무도 없는 독거노인 단간 방

허 허 차!
오늘이 설날이라고?

그래도 아직은 살아 숨 쉬고 있는
시를 읽고 자판을 긁적거리고 있는
복된 새해 아침.

세밑

싸늘하고 캄캄한 독거노인 원룸 거기
벽에 붙어 바르르 떨고 있는 그믐이
또 한 걸음 종착역에 다가가고 있다

빙판길 가로막는 얼어붙은 구세군 냄비
가슴 쥐어박는 그 종소리
여러 겹 단추를 풀고 지갑 속을 더듬는다
천 원짜리 두 장 약소해서 어쩝니까
주름진 손이 부끄러워

라면 식빵 순대
그믐을 단단히 준비해야지.

소낙비

우당탕탕 쭈루루루
우르르 하늘이 무너져
냉가슴 후려치는데

쳐다보고 또 봐도
뿌~연 허무뿐

쓰린 가슴 후벼 파는
눈물비만 쏟아지고.

선비보다 앞서는 늑대의 윤리
– 늑대의 크나큰 사랑

새끼 먼저 먹이고 암컷 먼저 먹이고
죽는 그날까지 한 암컷만 사랑하며
암컷 죽으면 가장 높은 곳에 올라가
슬프게 슬프게 울부짖고

어린 새끼 돌보다가 다 자라면
암컷 죽은 그 자리에 가 굶어 죽는 너
가장 힘센 적과 싸우고
가끔 가끔 부모 찾아가 문안드리는 너

이름 있는 모든 목숨 중
가장 숭고한 생명윤리를 가진 너
인간을 가르쳐야 할 너

심안心眼

그지없이 아름다운 이 푸르른 별 위에
어버이 은덕으로 태어나 99 88 아흔다섯
긴긴 나날 복 누려왔는데

몸뚱어리 녹 쓸고 눈 어두워
진리가 희미하게 보이게 되거든
마음으로 눈 뜨게 해 주소서

참됨과 사랑 즐거움으로 끌어안고 살다가
추억으로 그리움으로 떠나게 해 주소서.

봄이 오는 소리

달콤한 향으로 다가와 흠뻑 정 품기고
푸르름 가득 우쭐대다가
끝내는 울긋불긋 몸짓으로 떨어져
하얀 눈 살포시 지레 밟고 떠나가더니

뉘우침과 그리움의 눈물 되어
얼음장 밑 가냘픈 흐느낌으로
돌아오는 너

아직도 찬바람은 저만치서 맴을 도는데
비단보다 오히려 부드러운
샛노란 네 가냘픔이 치솟아
영원한 행복*을 가져오는 복수초

밀양 땅 어느 햇빛 노니는 언덕배기
호미가 튕겨지는 얼어붙은 설한雪寒
그 얼음덩이 뚫고 치솟는

희망이런가
사랑이런가
봄이 오는 소리.

* 복수초의 꽃말: 영원한 행복

짜장면

빰따귀가 울퉁불퉁
배때기가 불룩불룩

4,000원짜리 중국요리
양파 식초 단무지

아 맛있다.

지푸라기

뻔히 알면서도
허겁지겁 끌어안는다

쓸모없는
아무 도움도 안 되는
한숨 그거마저
눈물 그거마저

미련인가
본능인가
아직은 포기할 수 없는.

커피 한 잔

괜스레 뒤돌아 눕고 또 돌아눕고
개도 안 물어갈 그놈의 끝도 한도 없는
욕심 욕심

다 비웠다고 가슴 흐뭇해했는데
아메리카노 그 짙은 향
너 때문에 까만 밤이 울고 있다
내가 울고 있다.

툰드라 그 가마득한 그리움

왜놈들 구둣발길에서 도망쳐 기어 넘고 넘어 땅 끝
하늘과 땅이 맞닿는 북만주 툰드라 대평원 동토의 눈벌판
코흘리개 조선 어린 핏줄들 굶주림에 찌든 무지렁이들
가갸 거겨 고교 구규 왜놈 글 찢어버리고 우리 글 배워야 하고
피맺힌 소원 우리나라 조선독립 이루어야 하고

나라 잃은 나그네 갈 곳 없는 하늘 밑
떳떳한 독립군으로 장렬하게 죽어야 할

끝없는 옥수수밭 언저리에 임자 없는 죽음으로 나뒹굴지언정
영하 오십 도 동토의 눈벌판에 얼어붙은 미라로 누울지언정
팔십 마리 이리 떼의 먹이로 갈기갈기 찢겨져
흔적도 없이 사라질지언정

아! 그 독립전선은 소련 땅 어디에 있단 말인가
내 나라 조선독립은 언제 이루어진단 말인가
오늘도 또 눈보라는 옥타브 높은 비명만 지르는데

70년하고도 여러 해 가마득 흘러간 그리움들 추억들
한 장 또 한 장 한숨으로 되넘겨본다.

제삿날

별나라로 떠나가버린 지 서른 해
밤꽃은 올해도 흐드러지게 향을 내뿜는 오월 열사흘

아들딸 모두모두 절 올리는 무덤가
술 한 잔 끼트리고 떼잔디 한 자락 힘없이 쓰다듬으며
멍하게 바라보다가 울컥 울음 가득 끌어안고
도망치듯 달아나버린 먼 남쪽 바닷가

짝을 불러 온밤을 울부짖던 소쩍새는 임을 찾았는지
고요해진 첫새벽의 바닷가 여인숙 펜션
해돋이를 재촉하는 날샐새*의 가슴 저리는 울부지짐에
고기잡이 작은 배들의 통통 기계울음들
먼 바닷속으로 자맥질하고

온통 하얀 솜털 깔아놓은 아침 안개 바다
듬성듬성 거뭇거뭇 섬 섬들
마당 가 새하얀 수국 한 떨기 다소곳이 윙크하는데
까맣게 잠 이루지 못한 야윈 눈동자
혼자 버려진 그 감당하기 힘든 남은 나날들
또 어떻게.

* 날샐새: 이 새가 울어야 날이 샌다는 섬사람들의 구전의 새

친구

기쁠 때 제 일인 양
둥실둥실
쭉 ~ 찢어지는 입

슬플 때 기대어
울 수 있는 어깨.

행복

아직

살아있다는

것.

고양이 울음

억지로 덤벼들면 목덜미를 물어 죽일 것이여
앙칼지게 옥타브 높은 소프라노로 항거하는
페르시아 암고양이 나비

으흠! 게 순순히 응하지 못할까?
종족번식의 사명이야 공손히 이리 다가 오렸다
위풍당당 검은 고양이 네로

삼라만상은 어김없이 정해진 길 걸어가는 것이거늘
본능이라 하고 사명이라 하며 숙명이라 했던가
괜스레 달콤하고 야릇한 짙은 향은 왜 풍겼는고.

야생동물 보호

지리산 일 번지 험한 숲 속에서
임천강 경호강 남강에서
밀양 땅 여기저기 구석구석

밥을 주나 돈을 주나
수달 보호하겠다고 새 짐승 돌보겠다고
반달곰이 어떻고 사향노루가 어떻고
죽기 살기로 허둥지둥 아등바등
보람 있고 뿌듯했던 그때 그 시절

두발짐승들의 허욕에 캄캄한 너희들 목숨
멸종위기 종목은 늘어나는데.

- 야생동물 보호운동 시절.

아름다운 山淸

빨가벗고 풍덩실 경호강鏡湖江 거기
셋 넷 동무들 물장구치면
여기가 신선들의 놀이터던가

꺽지 메기 피라미 은어 쏘가리
끼리끼리 우르르 여울목 놀고
장끼 노루 멧돼지 수달 반달가슴곰
푸르른 골짝마다 짝지어 뛰노는
천왕봉天王峰 높고 높아 내 고향 산청山淸

남명 성철 문익점 태어난 여기
아름다운 내 고향 선비의 고장.

경호강 언저리

무리 지은 쉬리들 꺾지 피라미
맑고 맑은 물길 타고 춤을 추고
손바닥이 찢어져도 끝내 떨구지 않았던 통사리

재갈들의 도란도란 옛이야기들
물길들의 졸졸졸졸 노래 소리들
사그락 사그락 스쳐가는 그리움들

부산 산청 시인 문인 넷 다섯
추억의 짭짤하고 매콤한 생선조림 한 접시
정다운 사진 한 장 또 한 장

멀리 지리산이 내려다보는 경호강 언저리
흘러간 추억 추억들.

다시 태어난다면

개똥같은 이 세상 뭣 하러 다시 태어나
틀려먹은 것 괴로운 것 구십 번도 더 되고
괜찮은 것 좋아라한 것 열 번도 안 되는데

병들어 아파하지도 않을 거고
먹기 위해 아등바등하지도 않을 거고
거짓과 속임수와 근심 걱정 없는 곳
편하고 편하게 살아갈 텐데

글쎄 행여나
사랑했던 사람 그리웠던 사람 두고 갔다면
한번쯤
만나러 와 볼 거나.

조화造花 둘

반쯤이나 피어오른
언제나 나만 쳐다보고 있는
언제나 웃으며 정을 풍기는

핏빛 장미 한 송이
샛노란 장미 또 한 송이

오늘부터 같이 사는
홀로 늙는 시인 책상 위
내 여보

빵끗 웃는 당신 얼굴 참 좋아라.

얼룩 바나나

여드레 아흐레 익고 익어
검버섯 저승꽃 거뭇거뭇 덕지덕지
껍데기 곱게곱게 벗기면
사르르 입안에 녹아나는
바로 이 맛

허리 굽고 쭈그러져 병들어도
그 지식 그 도덕 그 철학 쌓이고 쌓여
끝나는 그날까지 드넓게 퍼지고 퍼지는
그 빛과 따듯한 그 사랑과

이제야 겨우겨우 알듯 말듯 인간의 도리
드높은 그 진리.

뭣하러 왔느냐고

남쪽 바닷가 김해 장유에서 까마득 먼먼
여기 임진강변 파주 DMZ까지
아버지와 아들이란 인연의 실오라기 따라
끌고 끌려

'인간도처유청산'이라기에
서산마루에 걸린 노을
텅 빈 공허空虛 끓어 업고
남은 촌음寸陰 보듬고
푸르게 푸르게 보내고파.

2013. 9. 9.

만주벌 남행 열차

날카로운 낫이 목을 겨누고
첸디게(돈 내놔라) 억센 손바닥
누구이든 죽이고픈 이글이글 늑대 눈빛
대여섯 놈씩 여섯 차례 일곱 차례 캄캄한 기차간汽車間
굶주림과 학대와 반항에 찌든 쿠리들* 포툴들**

보따리와 모자 구두 바지저고리까지 목숨 빼고는
몽땅 다 뺏고
망치로 머리통을 두들겨 맞아도 틀어막아야 하는 울음
흐르는 피와 숨 막히는 공포와 그리고 캄캄한 목숨

휘영청 추석 달 천 리 벌판 서거적 서거적 옥수수 잎
흐느끼는데
온 밤이 지새도록 움찔 않는 벌판의 남행 열차
그리고 지붕 위 뛔놈 들
흑하黑河***에서 안동安東****까지 8.15 대 이동 고향 가는 길

옥수수밭 언저리에 들개들이 뜯어먹다 남겨둔
몸뚱어리 될지라도
내 고향 내 집식구들 기다림에 차마 썩어문드러질 수도
없는
썩어 없어질 수도 없는.

* 쿠리: 노동자.
** 포톨: 독신자.
*** 흑하: 소련(러시아)과 만주(중국)의 국경도시.
**** 안동: 압록강 변 만주 도시.

숙주宿主

삼천갑자 동방삭보다 더 오래오래
영원토록 살 수 있는 유전자遺傳子
그 숙주를 중국에서 태국에서
아니 베트남에서 찾는다

예뻐 아니어도 괜찮아
쑥쑥 사내아이 잘 낳아
대대손손 대代만 이어주면
그게 예쁜이

우리나라 숙주는 제멋대로 공주님
돈 보따리 가득 안고 하늘을 날아
영생을 이어줄 숙주
내 사랑 너를 찾아.

자살 막대기

하얀 막대기를 물고 큰길가를 위풍당당 왔다 갔다
흰 연기 푸 푸 내뿜으며 물었다 떼었다 싱글벙글
에그 저런 저런 아직 애새낀데

빨리 죽고파서 저러는가보다
죽음보다 더 아픈 그 통증 당하고픈 바보 팔푼이
저리 가라 저리 가 왜 내 옆에 오나

만약에 말이다 만약에 내가
최고 높은 자리 한 나라의 임금이나 대통령쯤 된다면
딱 한 가지 이 나라에서는 담배를 피우지 못한다
금연의 나라 건강한 나라
그 법 하나만 만들어놓겠다

좋아하는 사람 참 많겠지?

제3부

온하수 너머 너머

너머 너머

넘고 넘어 아득한
허무 그 너머

진리의 뼛속
너머
존재의 핵
그 너머 너머

무엇이 있는가
거기.

그 길

거기
뭐가 있기에
한 걸음 또 한 걸음
까마득 먼 길
아장 아장

이젠
거의 다 왔나보다
몇 걸음만 더
아장이면

저기 저 막다른 골목
다시 못 올 그 길.

아서라

은하수 떠돌다 잠깐 한발 내려디뎌
아흔해 하고도 여러 손가락
어지간히 놀아난 희로애락

이젠 되돌아가야지

아직도 허겁지겁 아등바등
무슨 삼천갑자 동방삭 욕심

아서라
쓸데없는 욕심 욕심
허욕.

관棺 뚜껑이 닫힐 때

이제야 하나도 남김없이 몽땅 다 비워지겠지
몸도 마음도 한없이 편해지겠지
거짓 없는 참다움이 이루어지겠지

내 살던 옛 고향 먼먼 별나라 거기
열, 스물, 서른, 아니 백, 이백, 오백 명
기막히게 날 반가워할 거야
나도 눈물 나도록 반가울 거야

마무리를 아름답게 해야 할 텐데
얼마나 남았을까
그날.

그 푸르른 지구별

뒤돌아보고 또 뒤돌아보고 눈 깜박이고 또 깜박이고
아름다운 지구별 정이 흠뻑 든 사람들, 고향 산천
이젠 아름다운 추억의 한 토막

아버님 별 어머님 별 찾아뵈옵고
30년 전 위암 수술하다가 숨진 할멈
5년 전에 말없이 떠난 또 다른 여인, 형, 동생
초등학교 동창생들 다섯 여섯과 이웃들 다—
다 만나려면 여러 해가 걸릴 거다. 그래도 꼭 만나야지

여기 내가 살아갈 이 작은 내 별 위에서 편하고 편한 삶
먹거리가 필요 없고 병에 걸리지 않고
얼마나 얼마나 좋을지 모르겠다.

허나 여기 이 작은 내 별 위에서 뭘 하고 살아갈 건가?
시를 짓고, 음악을 하고, 그림도 그리고
낚시와 사냥도 하고 커피와 와인도 마실 수 있을까?
축구와 야구와 이런 저런 스포츠, 취미생활을 할 수 없다면
무슨 재미로 삶을 영위한단 말인가?
되돌아가고 싶어라 되돌아가고 싶어라
정이 하늘만큼 땅만큼 들었던
내 살던 아름다운 그 푸르른 지구별이여.

방황

어디가 바람인지 어디가 구름인지
아흔다섯 허둥지둥 헤매어도
아직도
동서남북 가늠 못 하고
어제도 또 오늘도 아등바등 허겁지겁

이러다가
저승길이나 제대로 찾아갈는지.

이름 없는 별이 되어

만물의 영장이란 명예로운 훈장을 목에 걸고
아름다운 이 지구별에 내려와 아흔하고도 여러 해
초록 숲 맑은 시내 드넓은 푸른 바다
저기 저 야트막한 앞동산과 높고 높은 하늘 흰 구름들
정 주고 사랑받고 행복했던 한평생 보람 있던 삶

이젠 떠나면 은하수 이름 없는 작은 별 되어
푸르른 지구별 널 되돌아보며
눈 깜박이고 또 깜박이며
손 흔들고 또 흔들며.

저승길

삐~ ~ ~용 삐~ ~ ~용 삐~ ~ ~용

누가 또 한 사람 떠나가시나 보다
개똥밭에 굴러도 이 세상이 좋다는데

얼마나 살았는지 어떻게 살았는지 몰라도
아버지 어머니 그리고 벗들이 먼저 자리 잡아놓은
걱정 없는 편안한 영원한 안식처 거기

어-허-너- 어-허-너-.

공空

비어있다 했던가
하늘이라 했던가

별과 달과 해와 구름과 바람과
바늘 끝 하나 꽂을 틈 없이
가득가득 차 있는데

허허로운 내 가슴속 거기
빽빽이 차있는 번뇌와 아픔
비워질 수 있을까
버릴 수 있을까.

기고 또 기고

기쁨과 노여움과 슬픔과 즐거움과
늙고 병들어 죽는 그 허방*을
힘겹게 힘겹게 허덕이는 삶

버리고 또 버리고 비우고 또 비우고
무릎 꿇고 두 손 모으면

참됨이란 것 아름다움이란 것 거기 있어
어제도 오늘도 그 고된 길
기고 또 기고.

* 허방: 땅바닥이 움푹 빠지기 쉬운 구덩이

오늘 하루

오늘 하루
눈 지그시 감고 누워 있었으면 참 좋겠다
텅텅 비어있는 그런 생각하면서

먹지도 말고
자다가 깨다가 또 자다가
뒤돌아눕고 또 돌아눕고
몽땅 비워버리고 죽은 듯이

그럼 참 좋을 건데.

얼마나 행복 한가

한 발자국 걸을 수도 똥오줌 가릴 수도 없는
중풍 환자 알코올중독자 알츠하이머
뼈와 가죽이 들러붙은 어느 요양병원 607호실

아 나는 얼마나 행복한 사람이더냐
사랑과 정이 흠뻑 배인 아들딸 며느리 사위
아흔다섯 아직도 이렇게 쓸만한 육체 병들지 않은 영혼
시를 쓰고 수필을 엮고 열심히 열심히 배움터 찾아다니는

가슴 비우고 또 비우고 참을 인忍 자 보듬고
그날까지 웃으며 웃으며 또 웃으며.

비우기

할멈 죽고 아들 집으로 끌려갈 때
반도 넘게 비운 욕심들 허욕들
도망쳐 나올 땐 몽땅 다 비우고자 했는데
훨훨 털고 털어 몽땅 비우려했는데

아흔하고도 여러 손가락
글쎄 또 얼마나 더 괴로워 더 외로워할는지

괴롭다는 그것마저도 외롭다는 그것마저도
다 비워야 할 텐데
그놈의 욕심이란 게
아무 쓸모 없는 그 욕심이란 게 말이야.

전해라

할멈 잡아먹고도 또 모자라
야이 이 왼수 놈아

이렇게 빨리
잡아먹혀서는 안 된단 말이다
왼수 놈의 병 덩어리야

난 시를 캐내어 책을 꾸며야 한단 말이다
기다리라고 전하란 말이다.

바람(望)

九九 백수白壽 잔치 상床 위에
색동저고리 때때옷 예쁘게
노래하고 춤추는
삼사십 쪽 예쁘장 시집 한권

섣달 그날*

* 섣달: 저자 생일 달

요양병원 1

거부할 수 없는 운명이란 술잔
길 없는 삶
꼭 생존해 있어야 할 분명한 이유를 찾을 수 없는

기저귀를 차고 볼기짝을 두들겨 맞아야 하고
아들딸 얼굴이 가물거리는 알츠하이머

얼룩진 허상을 진리로 착각하는 어제오늘

이 쓰레기 더미 속에서 도망쳐
손잡고 내 집에 가서
얼마나 얼마나 그리운 행복이라는 꿈

요양병원 2

세월에 낡아빠져 삶에 짓눌려
혼자서는 일어설 수도 화장실 갈 수도
아픔을 억누를 수도 없는

잘못한다고 쌍말로 욕질하고 꾸짖고
주먹질하고 밀어 넘어뜨리는
간병인의 멸시와 폭행도 꾹꾹 참고 견뎌야하는

그래도 아직은 버리지 못하는 이 몸뚱어리
먹거리를 떠 입에 넣어주고 아픔을 어루만져주는
어둡고 냄새나는 이 병실이 그래도 고마운 어제오늘.

요양병원 3

할멈이 보고파 숨죽여 불러보는 캄캄한 새벽 4시
불러 봐도 대답 없고 울어 봐도 소식 없고

내 쇠넝은 뭣이린 말인가
이렇게 팔다리 꽁꽁 묶여있는 이 형벌
어느 법문 어느 조항에도 없는 테러

낡아빠진 몸뚱어리 정신마저 오락가락
남은 나날 얼마인고
이냥 이대로 이렇게 끝내란 말인가

인간으로 태어나 복 받고 살고픈 데
이렇게 이렇게 피눈물만 흐르고.

- 어느 알츠하이머 환자의 바램.

제4부

詩 밥

낮잠

팔베개 옆으로 눈 감으니
아리따운 시상詩想 뇌 속 휘저어
고치고 다시 쓰고 또 고치고
고치고 쓰고
쓰고 고치고 고치고
끝내 잠 이루지 못하는데

책상 위 자판기가
저 혼자
아름다운 시를 두들기고 있다.

詩 밥

턱을 고이고
눈을 감고
로댕처럼

왜 살고 있는지 그 답을 찾을 길 없어라
살지 말아야 할 답은 찾았는가?

오늘도 허둥지둥 아둥바둥

그래도 난
詩 밥을 먹고 사니까 맛있고 배부르고
돈도 안 들고
무척 즐겁고 보람 있고.

병든 개

달 보고 짖어대는 병든 개라고
구정물 뒤집어쓰더라도
그래도 날밤을 끌어안고 시를 캐련다

보름달 한번 우러러보지도
찬란한 오리온 별 한 번 세어보지도 못하는
그런 밥버러지보다야
얼마나 얼마나 살맛 나느냐.

시어詩語 한 토막 1

어두컴컴 눈 감은 한밤중
쭈그려 앉은 화장실 꿈길 속

번뜩 뇌 속 시어 한 토막
이어지는 글귀 찾느라
오 분 십 분 또 십 분

오금이 저려 엉금엉금

그 시어 까먹을까 봐
부리나케 두들겨대는 자판기.

가을이어서 참 좋습니다

시시콜콜 서푼짜리 글 읽다가
남몰래 눈물 머금는 이 가을이
뼈저린 추억인 양 쓰라립니다

샛노란 은행잎 마구 날아와
옛정에 잠기게 하는 저녁나절
포근한 구들목에서 훌훌 불어마시는 한 잔 커피
그 쓰디쓴 향이 너무나 달콤합니다

하얀 조각구름이 자꾸만 방안으로 날아들어
여린 내 가슴을 뭉게뭉게 찢어놓고
먼 하늘가 그리움이 한 구절 시로 태어나는
이 가을이 가슴 뭉클합니다.

걸작傑作 詩

노벨상 심사위원들이 깜짝 놀랄
너도 읽고 너도 읽는
소리 높여 노래하고 찬양하는
한편 시 쓰고픈데

아니야
눈물 저 혼자 숨어나고
머리 끄덕여지는
그쯤의 시면 괜찮아

아니야 아니야
아슴아슴 내 맘 나타났으면
그럼 됐다 됐어
걸작 시 한 편.

나는 대박이다

얼씨구절씨구 지화자 좋다

당신에게 사랑받는다는 것은 대박이다
눈물 가득 당신을 끌어안을 수 있다는 것 또한 대박이다

사람으로 이 세상에 태어났다는 것은 크나큰 대박이
아닐 수 없다
그러고 보니 아흔다섯 오늘까지 살아있다는 것 또한 대
대박이다

시인이 된 것 이렇게 좋은 시를 쓸 수 있다는 것 또한
대박 중 대박이다

나는 대박이다.

영광스러운 훈장

또 한 발짝 가까이 다가가고 있구나
지옥일까 천당일까

인간이란 영광스런 훈장을 목에 걸고 이 땅 위에 태어나
주마등처럼 흘러간 아흔네 해

세상이 모두 내 것인 것 같았던 희열도
차라리 죽고 팠던 괴로움도
다 모두가 찰나의 꿈이었거늘

바람인들 어떠리 구름인들 또 어떠하리
다윈의 진화론 속 한 마리 원숭이의 후예
호모사피엔스homosapiens 너

드넓은 우주 그 끝없는 대자연의 한 점일 뿐인 것을
내일일까 모래일까 떠나는 그 날까지
이 아름다운 삼라만상들
한껏 미소 지으며 노래라도 부르자꾸나
행복에 젖어 뜨겁게 뜨겁게 사랑이라도 불태우자꾸나

엄동설한 동지섣달 기나긴 밤 뜬눈 까맣게 지새우며
아리따운 글 한 장 사랑 시 한 줄
자판기 두들기자꾸나.

밤참

머릿속에 뛰어든
짜릿한 시어 한 토막

부리나케 자판을 두드리는
선잠 깬 새벽 세 시

달기도 하구나
빵 한 조각 잼 한 스푼

혀끝 감치는 원두커피
그 쌉사보롬 한.

허허 참

허겁지겁 아등바등
그렇게 허덕인들 나무아미타불
원래 다 그렇게 허하고 공한 것

허허 참
씁쓸한 입맛 다시고 떠나자꾸나.

지구

언제쯤 이 땅덩어리가 싸늘하게 식어 빙하氷河 될는지
궤도를 벗어나 우주의 미아迷兒 되어
나락奈落으로 떨어질는지
행성과 부딪쳐 산산 조각나고 불바다 될는지
아무것도 모르고 그냥 놀고 있는 멍텅구리 인간들

하루하루 한 발 한 발 거기로 다가가고 있는데
유서라도 쓰고 수면제라도 먹을거나
마지막 불꽃 태워 사랑에라도 미쳐볼거나

아니야 아니야 향기 나는 시 한 줄 아름답게 엮어
소리 높이 소리 높이 읊어 예자꾸나.

흔적

아름다운 꿈으로 허둥대다가
씁쓸한 입맛 쭉쭉 다시고 죽는 길

밥버러지로 살지는 말아야지
아름다웠던 삶 노래하고 가야지
부끄럽지 않은 발자취
이 땅 위에 새겨두고 가야지

아름다운 시 한 토막 그 흔적.

가을밤

하얀 밤을 까맣게 지새우며
어설픈 시 한 토막을 긁적거리는
그런 낭만과 정열이 아직도 남아있는 나에게
청 마루 어느 구석에선가
애절하게 날 불러대는 귀뚜라미의 러브콜은
너무나 서글픈 보헤미안

일그러진 그믐달 그 접시 위에
메밀국수 한 젓가락 나눠주고픈
차가운 밤이 깊어만 가고.

고맙습니다

목덜미 끌려간 벗들의 울부짖음
그래도 난
아직 이렇게 시를 캐내고 있다는 것

고맙습니다 고맙습니다
아흔다섯 정말 고맙습니다.

시어 한 토막 2

쓰다듬어 어루만지고 끌어안아 달래고
하다못해 소리높여 쥐어박다가
끝내는 굽고 지지고 볶고 푹푹 삶아
빨래방망이로 어금니 악물고 두들겨 패고

이 한밤이 까무러쳐도
먹지 못할 쓰디쓴 찌꺼기만 나뒹구는
시어 한 토막

차디찬 새날이 밝아오고.

지옥 끝까지

절대로 절대로 빈손으로 가지 않을 것이다
하얀 밤을 뜬눈으로 아로새겨
가슴 찢어지게 캐낸
이 아리따운 시의 구구절절
구십 평생 눈물 콧물 엎치락뒤치락 기어온
내 회고록 그 피눈물 자국 자국

내 혼魂 속에 가득가득 채워 갈 것이다
억겁의 나날 소리 높여 되뇌어 읊을 것이다
행복에 젖어 노래할 것이다.

열정과 욕심 사이

꼭 이루어야 할 마지막 몸부림
일곱 번째 시문집 원고를 끌어안고
허겁지겁 하얀 밤을 까맣게 지새우는 자판기
망백望百의 열정에 야위어져 가는 어제오늘

쓰러지는 그 순간까지 아등바등 허둥대며 헤매는
마지막 내 즐거움
내 삶
내 복.

시를 엮으며

아들 집 도망쳐 먼 먼 부산바닷가
홀로 사는 고달픔 어금니 악물고
지팡이에 업혀 창작교실 공부 애씀이
너를 사랑하기 때문이런가

긴긴밤을 하얗게 지새우며 자판을 두드림은
한목숨 다 받쳐 너와 같이 살고픔이러니

야래향夜來香* 짙고 짙어 통증 같은 내 그리움
너를 향한 아리따운 내 정 하염없어라

망백望百의 오늘도 또 내일도
이렇게 이렇게 너와 더불어 살고파
몸부림치며 치며 웃고 사는 복된 늙은이.

* 야래향夜來香: 향기 짙은 꽃나무

왜 이러고 사니

야, 이 바보 멍청아, 이게 아니지 않나

죽을 힘 다해 밀어닥쳐 캐내야 하지 않느냐
가슴 울먹이게 하는 아름다운 걸작 시 한 줄

캄캄한 암흑절벽 그 토굴 속에서
천하 보물 흑진주 하나
아름다움 하나

아니면 뒈져야지
살면 뭣해.

그 날

아련한 서녘 하늘 눈썹달
함초롬히 이슬에 젖고
뒷동산 오솔길 언저리
소슬바람에 나부끼는 구절초

그렇게 또
삶이 오고 가는 어제, 오늘

마지막 시집 한 권 더 내고픈데
얼마만큼 더 남았을까
그 날.

슬픈 행로行路

끝내 한 움큼 제대로 만져보지도 못하고
멋지게 써보지도 못하고 떠나가는
그것이 돈벌레들의 한평생 슬픈 행로

난 한 마리 꿈 벌래
돈도 밥도 지위도 없는 시인
그 일박에 아무것도 할 줄 모르는
얼간이 바보천치

그 꿈을 줍기 위해
컴퓨터 앞에서 하얀 밤을 슬피 우는.

제5부(수필)

호모사피엔스

즐거운 풍란작품 만들기

앞치마를 단단히 두르고 베란다 수돗가 물통 앞 얕은 의자에 앉아 와이어 브러시로 기왓장에 묻은 흙이며 오물들을 닦아 낸다.

크게 힘주어 닦을 필요도 없는데도 빡빡 힘껏 문지른다. 흙이 앞치마에 튀긴다. 얼굴에도 여기저기 우스꽝스럽게 묻었다. 내 즐거움의 훈장인 듯하다. 흰 벽에 씻은 기와를 한장 한장 세워 물을 빼어 말린다. 널따란 거실 청 마루 카펫 위에 신문지를 두껍게 깔고 그 위에 물 빠진 기와를 눕혀놓고 돌려보고 또 돌려보고 빗살무늬를 가늠해본다. 제일 좋은 무늬기와를 골라놓고 제일 큰 풍란을 골라 얹어놓고 구도構圖를 살핀다. 뿌리 사이사이 흙이며 작은 돌이나 풀들을 하나하나 털어내고 사방팔방으로 뿌리를 펼친다. 벽에 걸어둘 때의 도면을 생각하기도 하고 눕혀 놓을 때의 도면을 생각하기도 하고 한여름 향내 가득한 하얀 꽃이 만발했을 때의 풍경을 생각하고 여백의 조화를 점검한다. 빈 곳이 너무 많으면 다른 쪽 긴 뿌리를 난과 기와 사이로 끌어다가 배치한다. 요리 보고 조리 보고 앉아서보다가 서서보다가… 미술가가 되고 조각가가 되고 건축가가 된다. 한번 잘못 부치면 다시는 고칠 수 없으니 신중에 신중을 더한다. 싸느랗게 식어버린 커피를 데워왔다. 잔을

든 채로 서서 작품구도를 한 번 더 점검해 본다. 1시 반 방향의 뿌리를 7시 방향으로 풍란 몸체 밑으로 끌어다 놓고 또 한 번 살핀다. 됐다, 됐어. 버드나무로 된 이쑤시개를 예리한 칼로 끝을 자르고 평탄하게 앞뒤를 다듬어 주걱 모양을 만든다. 그리고 그 위에 접착제를 얇게 묻혀 6시 방향 큰 뿌리 밑에 바르고는 뿌리를 제자리에 살짝 눌러 한참을 기다린다. 1분 2분, 때론 5분, 10분쯤 걸려야 뿌리가 붙을 때도 있다. 살아있는 식물이라 수분이 많아 잘 붙지 않는다. 아차! 커피가 또 싸느랗게 식어버렸구나. 모르겠다. 그냥 마셔두자. 이젠 12시 방향의 뿌리를 예쁘게 붙여야 한다. 제일 중요한 기둥이니까. 됐다. 휴우— 아이구 목이야, 어깨도 아프고 허리도 뻑적지근하다. 지금 몇 신가? 좀 쉬었다가 해야겠다. 식빵을 가져다가 땅콩버터를 발랐다. 인스턴트커피를 또 끓였다. 벌써 몇 잔짼가? 아이 맛있다. 오후 1시가 지났다. 이러다간 하루 한 작품도 못 만들겠구나. 이제는 9시 방향의 기둥뿌리와 3시 방향 큰 뿌리를 붙이면 기초가 이루어진다. 이 기초가 잘 이루어져야 아름다운 작품이 될 수 있다. 두 무릎을 꿇고 반쯤 엎드려 몇 시간 용을 썼더니 목도 아프고 너무 힘 든다. 자! 이제 다 됐다. 허리를 펴고 일어서서 점검을 한다. 아차! 풍란 전체가 9시 방향 한쪽으로 밀려 3시 방향에 공간이 너무 많이 생겼다. 에이ㅡ, 헛수고 했다. 전부 뜯어내어 다시 부쳐야한다. 큰일이다. 접착제며 이쑤시개며 다 집어 팽개치고 방에 들어가 침대에 벌러덩 들어 누어버렸다. 아쉬움과 후회를 되씹으며 눈을 감는다. 5분 10분 15분. 벌떡 일어나 바쁘게 대청마루로 나와 우두커니 작품을 바라본다. 뿌리가 힘차게 뻗어나가는 기세를 연출하기 위해 9시 방향 즉 좌측으로 뿌리를 너무 잡아 당겨서 이렇게 되었다. 때깨칼(주머니칼)을 칼갈이에 대고 꼼꼼히 아주 정성껏 갈아서 신문지를 잘라 시험해 본다. 그 칼끝으로 뿌리를 기와에서 떼어낸다. 자칫하면 뿌리가 쪼개지게 된다. 아주아주 조심스러운 작업이다. 중심을 잡는다는 것 기초를 이룬다는 것이 성공의 지름길 이라는 것을 다시금 깨닫는다.

초조한 가슴을 잠재우며 한 땀 한 땀 뜯어내어도 뿌리를 손상시키는 일이 비일비재하다. 휴우!! 이젠 틀리지 않고 아주 예쁘게 붙여야지!

싸늘하게 식어버린 커피를 또 홀짝인다. 아직 어둡지 않은데도 천장 전깃불을 있는 대로 전부 환하게 켰다. 그래도 어두컴컴하다. 기와 한 중앙에 난을 올려놓고 까만 무명실을 두 겹으로 꼬아 난을 기와에 십자로 단단히 묶었다. 이제는 틀리지 않겠지. 아~이 어깨야! 목도 뻐근하고, 두 손을 허리춤에 얹고 서서 다시 한 번 최종점검을 하고 꼼꼼히 아주 꼼꼼히 부친다. 20여 개의 굼틀굼틀한 뿌리들이 사방팔방으로 빗살무늬 기와를 끌어 앉고 살아서 기어가고 있다. 하늘을 찌를 듯 힘찬 풍란이 너무나도 아름답다. 만면에 가득 웃음을 띠고 즐거움에 잠긴다. good good 흐뭇한 웃음으로 스프레이로 난과 기와에 흠뻑 물을 뿌린다. 긴장을 풀고 나니 왈칵 배가 고파온다. 그러고 보니 점심도 굶고 커피만 엄청 들어부었구나. 그래도 좋다. 후다닥 싱크대로 가서 라면을 끓였다. 계란도 하나 톡 깨트려 넣었다. 맛있다.

꿀맛이란 게 이런 거로구나. 미켈란젤로도 피카소도 이보다 더 이상 아름답게 만들 수는 없겠지!! 가만있자 너무 규칙적이고 딱딱하지 않나? 그래 피카소가 되어보자 내가 좋아하고 숭배하는 미켈란젤로가 되어보자. 이번에는 긴 뿌리가 있는 풍란을 골라 1시 2시 사이 귀퉁이 공간에 붙혀놓고 대각선 방향 6시 9시 사이 공간으로 긴 뿌리들을 뻗쳤다. 그래그래. 그래서 미켈란젤로가 유명하구나. 뒤쪽 베란다에 가니 9시 쪽에서 6시 쪽 사이가 자연스럽게 떨어져나간 기와가 하나 있다.

좋아 좋아, 이번에는 피카소 차례다. 12시 상반 쪽에 난을 붙이고 하반 쪽을 몽땅 공간으로 둘까? 아니면 상반 쪽을 전부 공간으로 비워둘까? 지렁이같이 굵고 긴 풍란 뿌리가 내 뇌 속을 파고들어 이리저리 마구 뻗어 행복을 찾아다니고 있다.

성선설性善說

"선생님 남자와 여자가 다른 곳이 어느 어느 곳입니까?"

"……."

女선생은 얼굴이 빨개져 말 한마디 못하고 교실 문을 발로 차 밀어 재껴버리고 나가버린다. 그 뒤통수에 대고 "ㅈ도 모르는 가시내가 영어를 가르친다고? 빨리 시집이나 가라!" 하고 히죽이죽 악담을 퍼 붙는다. 여선생은 교무실에서 눈물을 훔치며 사표를 쓴다.

1949년 그러니까 6 · 25사변이 일어나던 그 전해 서울 xx대학 부속중학교에서 내가 훈육주임 겸 교양과목 교사로 있을 때였다.

교무회의에서 퇴학처분이 내려졌으나 담임선생인 나는 결사반대 따를 수가 없었다. "인간이란 원래 미숙하게 태어난 것 아닌가요? 커 가면서 점점 배우고 깨닫고 그래서 우리 같은 교육자가 교육을 시키는 것 아닌가요? 이 학생을 퇴학시키면 이 학생의 장래는 어떻게 됩니까? 그것까지 생각해 봤습니까? 그리고 그 학생이 장래 우리 사회 국가에 어떤 존재로 공헌하게 됩니까? 사회악밖에 안 될 것 아닙니까? 우리가 해야 할 사명이 고작 퇴학처분으로 이 학생을 나락으로 내던져버리면 교육자로서, 선배로서, 학부형으로서 할 일을 다했다 할 수 있습니까?" 나는 입에 거품을 물고 열변을 토했다. 아무도 감히 반론을 하지 못한다.

"제가 담임이며 교양과목 선생이며 훈육주임이니까 제가 책임지겠습니다." 난 몇 날 며칠 잠을 이루지 못하고 곰곰이 생각에 잠겼다.

이 학교는 학생 전부가 교실에서 먹고 잠자고 공부를 한다. 그것도 담임선생과 같이 잔다. 이 학생은 이북출신으로 성격이 왈가닥이지만 악하시는 않았다. 다음날 수업시간에 난 학생회의를 열었다.

"민주주의 국가에서 학생자치회도 학생들 스스로 모든 것을 다수결로 결정해야 한다." "지금부터 3학년 1반 반장 선거를 실시한다. 임시의장을 선출하고 입후보자는 자타 추천으로 입후보하고 투표로 결정한다. 자! 시작하라." 학생들은 이런 선거가 처음이다. 그래서 아무 일도 하지 못한다. 그러기에 가르치려 하는 것이다. 스스로 입후보하는 법과 다른 사람이 추천하는 법을 가르치고 입후보자의 연설을 청취하고 무기명투표 또는 거수투표로 선거를 하는 선거법을 가르치느라 애를 먹었다. 드디어 여러 학생의 추천으로 당시의 반장 구具 군이 추천되었다. 구 군은 무척 얌전하고, 성실하며 성적도 최고였다. 대다수가 구 군을 부르짖어 당선은 무난했다. 그때 나는 "선생님은 어디까지나 옵서버로서 한 가지 제안을 하고자 하는데 들어줄 것인가?" 하고 다가섰다. 다들 묵묵부답이다. "3학년 1반 반 전체를 위해 훌륭히 일을 할 사람을 선생님이 추천하고자 한다. 선생님의 뜻을 들어줄 것인가?" "그 학생이 잘못을 저지른다면 선생님이 책임을 지겠다."

"……."

묵묵부답이다. "선생님을 못 믿겠단 말인가?" 나는 강압적인 어조로 소리를 높였다. 마지못해 "네."하고 억지 춘향이다. 청천벼락, 난 그 이북 출신 왈가닥 학생 이름을 흑판에 커다랗게 썼다. 모두들 수군수군 불만을 토한다. 그것도 그럴 것이 그 학생은 덩치도 크고 주먹도 세고, 성격도 난폭해서 거신 하면 주먹질을 하고, 밀어닥치고 욕지거리를 하기도 한다. 선생님의 강압적 행위에 그 누구도 의의는 못해도 불만이 크다. 그렇게 해서 그 왈가닥이 3학년 1반 새 반장이 되었다. "자! 새로 선출된 반장 나와서 인사해야지!!" 마지못해 왈가닥은 교단에 나와 섰다. 이 학생이 얼굴이 빨개진 것은 생후 처음일 것이다. "시키는 대로 하겠습니다." 단 한마디뿐이었다. "박수, 박수, 박수들 쳐야지!" 선생님의 강압에 못 이겨 다들 힘없이 손바닥을 부딪친다. 그렇게 나의 일방적인 반장 선출이 끝나고 다음 날 남을 위해 봉사하는 일, 사회와 국가를 위하여 공헌하는 일, 대의를 위하여 목숨을 바치는 일, 인간의 일생, 행복 등등을 아무도 없는 빈방에서 단둘이 조용조용 한 시간도 넘게 이야기를 나누고 "네가 잘못을 저지르면 약속대로 선생님은 사표를 내고 이 학교를 나가야한다."하고 학생의 행동에 굳은 쇠못을 박았다. 나는 그 왈가닥 학생의 이름을 잊어버렸다. 벌써 65년도 지난 이야기이니까요. 孟子의 말씀대로 性은 월래 善한 것.

나음닐 수입시간 중인데도 왈가닥은 교무실로 나를 찾아왔다.

"선생님 우리 반 박 군의 집이 매우 가난해서 학교에 내

야할 쌀도 못 내고 퇴학을 하고 집에 가서 농사를 지어야 한다는데 어떻게 해 줄 수는 없을까요?" 한다. 난 놀라움에 눈물이 빙 돌았다. 제 돈을 털어주고 그 학생에게 기운 내서 같이 공부하자고 타이르고 위로하고 한다. 감히 아무도 따를 수 없는 사랑의 실천이다. "야 이 새끼들아 열심히 공부하지 않고 뭐해? 아바이들은 뼈가 부러지는데!!" 왈가닥의 이 한마디에 모든 학생들은 죽은 듯 움찍달싹을 못한다. 왈가닥은 공부보다 반장 일이 더 중했다. 공부시간에도 날 찾아와 반 아이들 걱정을 호소한다. 퇴학을 시키자던 선생님들이 감탄을 하며 "어떻게 된 일이냐"고 묻는다. "孟子님 말씀에 性은 원래 착한 것이라 하지 않았던가요?" 난 굳게 입을 다물며 교육자의 사명을 느꼈다.

벌판의 남행열차 1

“대일본제국 군대에 영광스러운 지원 입대하라”고 일본 주재소 순사에게 매일같이 숨도 못 쉬게 압박을 받다가 이젠 “가라후도 탄광 석탄 채굴 징용에 가라”고 조선총독 명의의 영장을 가져와서 매일 매일 협박을 했다. 친구 몇 사람 가라후도 탄광 석탄 캐는 곳에 징용 갔다. 우리글 언문도 우리 조선말도 다 뺏겨버려 쓰지도 못하고 곡식은 물론 농기구와 숟가락 밥그릇, 제기祭器까지 공출하고 매 맞고 천대받다가 이곳 만주땅 끝 소만국경까지 간신이 도망쳐 와서는 3년 동안 조선학교 선생으로 편하고 뜻있게 살고 있다. 일본말 교과서 다 빼앗아 불살라버리고 가갸거겨 우리글 가르치고 외놈들의 만행과 독립정신을 가르치고 이 얼마나 큰 행복이더냐. 그런데 뜻밖에도 참으로 뜻밖에도 8.15 일본천황의 항복 라디오방송 소식이 들린다. 믿을 수가 없다. 왜놈들의 식민지 그 모든 것에서 해방되는 미칠 것 같은 감격과 환희의 충격에 부락민들의 조선독립만세 소리는 벌판마저 눈물바다로 울렸다.

그 감격도 잠시 소련군의 수색이 시작되고 일본군수품인 총칼과 탄환 소지죄로 10여 명의 개척단 간부와 유지들이 구속이 되었다. 나는 제일 젊은 간부로 붙들려가서 서툰 영어 통역을 했다. 소련 야만인들은 5일 동안 물 한 컵 밥 한 톨도 주지 않았다.

머리를 깎았다는 이유로 나는 일본 군인으로 오인 받아 총살 즉결 처분 직전에 중국인 유지의 도움으로 학교 선생임이 밝혀져 그야말로 구사일생으로 석방되었다. 그러나 거거태산 巨巨泰山 만주 땅 토착민들의 원한과 분노와 복수의 약탈이 시작되었다. 어디선가 만주사람들이 서너 사람 마차를 몰고 와서 조선사람들 집 마당에 세워두고 집안에서 옷이며 옷장이며 곡식이며 이부자리며 주방기구 살림살이들을 제 것 인양 몽땅 싣고 있다. 기가 막힌다. 왜 싣느냐는 말 한마디 못하고 물끄러미 바라보고만 있다. 그들은 날카로운 낫과 가죽 말채찍과 같은 무기를 항상 가지고 우리를 노려보고 있다. 방 안에 있던 부녀자들은 기겁을 하고 도망쳐 나와 벌벌 떨고 있다. 하기야 이미 버린 것들이 아니더냐. 내일 아침 부락 사람들 전부가 다 같이 고향 땅 조선으로 떠나기로 하였으니 다 버린 것 아니더냐. 그래도 손때가 묻은 것들이니 왠지 서운하다. 인사 한마디도 안하는 되놈들이 미웠다.

여기는 북만주 소련과 만주의 국경지대 툰드라 대평원 왜놈들이 세운 충경개척단忠慶開拓團. 충청도와 경상도의 가난한 농민들을 모아 이곳 만주 땅 드넓은 벌판을 욕심나는 대로 마음껏 갈아 농사지으라고 흙벽돌로 성을 쌓고 그 안에 70~80호씩 집을 짓고 학교도 짓고 소와 말과 농기구도 주었다. 모두가 평화스럽고 부족함 없이 살고 있었다. 되놈과 왜놈들은 한 놈도 없었다. 우리 조선 사람들은 왜놈들의 권세를 등에 없고 때론 왜놈들 보다 더 악랄하게 되놈들을 학대했다.

조선사람이 되놈을 죽여도 되놈 경찰은 조선사람을 체포할 수가 없다. 단지 일본경찰에 신고할 권한 밖에 없다. 일본 항복 소식에 개척단과 학교의 간부들과 권세 높은 유지들은 봇짐을 싸가지고 도망치듯 달아나고 가난하고 못난 부락민들만 남았다. 난 5부락 학교에서 40리 길을 걸어 나오느라고 시간이 걸려 그들을 놓쳐버리고 여기 이 농민들과 행동을 함께하게 되었다.

널판자와 헌 가재도구들을 마당 가운데 쌓아놓고 불을 지피고 모두 둘러서서 팔을 뻗어 불을 쬐며 걷잡을 수 없는 불안을 울먹이며 말 없는 하소연을 하고 있다. 무사히 고향에 갈 수 있을는지? 고향에 가서 어떻게 살아갈는지? 싸늘한 가을날이 훤히 밝아온다. 버릴 수 없는 중요한 물건들만 주섬주섬 보자기에 챙겨가지고 뒤질세라 무리 지어 용진읍龍鎭邑 기차역으로 뒤돌아보고 또 뒤돌아보며 한숨지으며 걸어갔다.

만주사람들이 맞이하는 종전終戰은 우리 조선 사람들보다 더 큰 충격이며 혼란도 더 심했다. 용진읍과 역은 소련 군인들과 중국 쿠리(노동자) 포톨(독신자)들과 이동하려는 인파로 그야말로 인산인해다. 쿠리나 포톨들은 기차표를 사기 위해 노루나 늑대의 가죽 껍데기 한 장을 깔고 또 한 장을 덥고 차갑고 캄캄한 역 대합실 시멘트 바닥에서 잠을 잔다. 잠잔다 하기보다 죽을 힘을 다해 견디며 기다린다고 해야 옳을 것 같다.

이런 혼란 속에선 200명이 넘는 우리 조선사람들의 단체 표를 구하기란 불가능에 가까운 일이었다. 이마가 책상에 닿도록 수십 차례 절을 하며 빌고 빌어 받아 놓은 어제 약속한 차표도 "너희들 꺼리뺑스(조선놈들) 200명이 타고 나면 저기 저 방새도록 노루껍데기 한 장으로 동사를 면한 만주사람들은 탈자리가 없다"는 한마디에 유구무언有口無言 말문이 막혔다. '어제의 약속'이라는 말만 되풀이하며 중국말 통역관과 난 그들의 책상에 머리가 닿도록 비굴하게 자꾸만 절을 할 뿐이다. 커다란 보자기에 가득한 200인분의 차비 뭉칫돈을 나는 그들 앞에 펼쳐 내밀었다. 차표 판매 조수가 만주 돈 한 다발을 심심풀이 장난삼아 천천히 세어보고 있다. "틀림없습니다." 하고 나도 "한 장 두 장"하고 큰 소리로 따라 헤었다. 통역관도 세었다. 화가 나서 고래고래 소리치던 매표 주임은 모르는 척 표만 팔고 있다가 이젠 어쩔 수 없는지 표를 팔던 매표소 창문을 쾅 큰 소리 나게 닫아버리고 돈을 세기 시작한다.

만주나라의 요청으로 남아있다는 일본인 기술자도 뒤늦게 들어와 돈을 세었다. 어느덧 기차가 플랫폼에 들어온다. 우리가 타고 갈 기차다. 돈은 아직 반도 못 세었다. 급한 주임은 돈뭉치 수만 센다. 나도 돈뭉치 수만 세었다. 주임이 종이에다 2백 ×× 명이란 글을 쓰고 파란 잉크가 묻은 스탬프를 쾅 찍어 나에게 던져준다. 어젯밤 여관에서 밤을 새워가며 북안北安에서 안동安東까지의 기차 요금을 각 부락 툰장에게서 거두어 커다란 보자기에 가득 채워 가져온 2백 ××명의 목숨이다. 난 '쒜쒜'하고 고맙다는 절을 하며 역 개찰구로 마구 뛰었다. 그런데 이게 웬일인가?

우리 부락민들은 한 사람도 보이지 않고 개찰구는 열려있으며 역원 한 사람도 보이지 않는다. 플랫폼으로 들어가니 기차 승강구 계단에 마치 개미떼처럼 사람들이 달라붙어있다. 오르지 못한 사람들이 좌왕우왕 그야말로 난장판이다. 우리 일행은 거의 다 차에 올라있었으나 10여 명은 허둥대고 있고 나도 차에 오를 수가 없다. 차창을 두드리니 못 본 체 머리를 돌리는 사람이 있는가 하면 올라올 자리가 없다고 손 사례를 치는 사람도 있다. 내가 이렇게 고생해 가면서 차표를 구했는데? 저쪽 계단 어디선가 "선생님! 선생님!"하고 날 부르는 소리가 들린다. 학부형이다. 밀치고 닥치고 객실로 밀고 들어가더니 유리 창문을 들어 올리고 날 부른다. 허겁지겁 창문에 매달리고 끌어올리고 떠밀어 받쳐 올리고 간신이 객실 안으로 들어갔으나 좌석은 고사하고 발 디딜 틈도 없다. 허 선생과 향이네 가족이 보이지 않는다. 오르지 못한 누군가가 밖에서 유리창을 두드린다. 우리 부락민이다. 난 윗도리를 벗어재끼고 두 손으로 힘껏 창문을 올리고 밖으로 손을 내밀어 한 사람을 끌어올리니 그 사람 발목에 매달리고 또 매달리고 마치 개미떼처럼 7~8명이 올라왔다. 그런데 올라온 사람들은 갈 곳이 없다. 한 발자국도 못 옮기고 그냥 그 자리에 얼기설기 뭉쳐 기대고 있을 뿐이다. 아직 여름 더위가 한창인데 콩나물시루 같은 안은 마치 찜질방이다. 반 시간이나 지났는데 기차는 꼼짝도 않으니 그야말로 죽을 지경이다. 창밖에 아이스케이크 장수가 왔다. 비 오듯 흐르는 땀을 감당할 수 없어 만주 돈 천 원을 내밀고 어름막대기 열 개를 받아 차 안으로 머리를 들어 올리니 양손에 들고 있던 어름막대기는 부락민들이 다 가져가버리고 하나도 없다. 그러기를 서너 차례 한 시간이나 넘어 드디어 기차가 움직이기 시작한다.

벌판의 남행열차 2

이제야 살았다. 나무아미타불…. 소련과 만주의 국경 흑하黑河에서 신의주 건너편 안동安東까지 가는 남행열차다. 이젠 내 나라 조선땅에 가나보다 했는데 전쟁이 끝난 그 종전終戰의 혼란 속에 기차는 시간표가 없다. 그야말로 엿장수 가위 제멋대로였다. 가고 싶으면 가고 쉬고 싶으면 벌판이건 옥수수밭 언저리든 제 맘대로 몇 시간이 든 밤을 새든 그야말로 만만디다. 추석 전날 둥근 달은 유난히 밝은데 수십 리 옥수수밭 가운데 예고도 기약도 없이 남행열차는 말없이 서서 밤을 지새운다. 기차 지붕 위의 뙤놈들의 그림자의 공포와 서거적 서거적 옥수수 잎 소리의 처량함은 지옥 속 캄캄한 동굴 속에서 부르는 저승차사의 피리 소리인 양 오싹하다. 제일 참을 수 없는 것이 대소변이다. 어둠을 뚫고 옥수수 밭가에 용변을 보러 간 사람들이 뙤놈들에게 가진 것을 몽땅 뺏기고 봉변을 당한 사건이 비일비재하다.

어쩔 수 없이 그냥 그 자리에서 해결을 하는 수밖에 없다. 날이 밝고 정오쯤이 되어서 무슨 마음이 동했는지 기차는 소리도 없이 슬그머니 움직이기 시작한다. 다들 "간다 간다." 하고 즐거운 아우성을 질렀다.

죽지만 않으면 사는 법이다. 허 선생도 만나고 향이네 가족도 찾았다. 다들 저승사자의 아가리를 벗어난 것을 희희낙락 웃음으로 채웠다.

기차는 어느 정거장은 쉬지도 않고 스쳐 마구 달리기도 하고 남으로 남으로 상쾌하게 달린다. 하루 종일 달려가도 드넓은 벌판만 보일 뿐 집도 산도 안 보인다. 그야말로 광야며 벌판이다. 우리 귀향민들만이 한 칸에 몰려있다. 두려우니까 집단방어 심리일 것이다. 어느 정거장인가 3~4명의 뙤놈들과 총을 멘 소련 병사 한 명이 올라탔다.

여기는 조선 사람들만 타는 곳인데--- 약간 신경이 쓰인다. 그리고 잠시 후 기차 안이 캄캄한 암흑천지로 변했다. 뙤놈들이 전선을 끊었다. 그리고 촛불을 든 뙤놈과 세모꼴 창을 꽂은 총을 멘 소련병사가 다가와서 알아듣지도 못하는 러시아말과 중국말로 소리소리 고함을 친다. 그리고 쇠망치로 남자의 이마를 내리친다. 피가 흐른다. 비명 소리가 들린다. 기차 안은 공포의 도가니로 변했다. "첸디게! (돈 내놔라!)" 이유인즉 "중국 사람이 도적을 맞았는데 조선사람이 훔쳐갔다."는 것이다. 참으로 어처구니없는 사기극이다. 기가 막히는 소리다. 천으로 피 흐르는 이마를 움켜쥐는데 그 부인은 황급히 돈뭉치를 내민다.

입구부터 남녀노소 가리지 않고 차례차례 쳐들어온다. 바로바로 내놓지 않으면 얻어맞는다. 독립군 출신인 임대장이 유창한 중국말로 "너희들 중국사람과 우리 조선사람은 형제가 아니냐!" 했다가 더 심하게 얻어맞았다. 어린아이들과 부인들의 울음소리 비명 소리로 기차 안은 공포의 아수라장이다. 기차는 소리도 없이 정거장에 들어간다. 비명 소리가 뚝

그쳤다. 차 밖은 아무 일 없다는 듯 평온하다. 누군가가 "신고해라"하고 외친다. 아무도 일어서는 사람이 없다. 누군가가 "여기 만주 땅이야 우리 땅이 아니야!" 하고 울분을 터트린다. 생각하면 남의 나라에서 이 혼란 속에 우리를 보호해 줄 것 같은가? 더욱이 왜놈들 기세를 업고 만주사람들을 학대한 조선 사람을 말이다. 조용히 기차가 움직인다. 아이들이 다시 울기 시작한다. 비적들은 한 보따리 빼앗아 달아나고 없다. 뒤쪽 칸 문이 열리더니 또 한패의 뙤놈들이 들어온다. 그리고 옆에 있는 중국 사람에게 "조선놈들의 물건은 전부 우리 중국나라의 재산이니 빼앗아가도 된다."고 말하는 것을 중국말 잘하는 부락민이 통역해준다. 하기야 원래 빈손으로 만주 땅에 들어갔었던 것이 아니던가.

똑같은 약탈이 또 시작되었다. 부인들이 돈을 감추느라 아이들 몸이며 보따리며 여기저기 감출 곳을 찾는다. 한 놈이 달려가 아이 옷을 벗겨 통째로 가져가버린다. 비적 한 놈이 선반 위에 올라가 앉아서 우리를 감시한다. 뭐라 뭐라고 중국말로 소리치니 숨긴 곳을 똑바로 찾아낸다. 하다못해 좌석을 칼로 갈라 그 안까지 뒤져본다.

향이 어머니가 최후까지 숨겨온 많은 돈을 나에게 내민다. 아무리 생각해도 그 돈을 감출 곳이 없다. 기차 바닥은 종이와 헌옷과 쓰레기 더미로 가득하다. 문득 발에 빈 사이다 병이 차인다. 옳지! 난 사이다 병을 발로 굴려 끌어와서 보듬고 있던 향이 허리 밑으로 주어 올려 그 속에 돈을 둥글게 말아 밀어 넣었다. 그리고 발로 밀고 또 밀어 지나다니는 통로 가운데로 멀리 밀쳐버렸다. 나중에 이 돈이 우리 몇 사람의 목숨을 지켜

줄 돈이 되었다. 기차역에 다다르니 비적들은 어디론가 슬그머니 사라지고 또 다른 비적들이 올라온다. 이젠 아무리 다그치고 말채로 때려도 돈은 나오지 않는다. "앞에 온 사람들이 다 가져갔다."고 악을 썼다. 한 놈이 선반에 올려져있는 내 룩색을 제 것 인양 당당하게 메고 간다. 정말 어이가 없다. 아무리 많은 돈을 줘도 팔지 못할 물건들만 들어있는 소중하고 소중한 룩색인데!! "아이구 이것" 또 다른 놈이 양복 윗도리와 모자를 벗긴다. 한 놈은 구두와 바지를 벗겨간다.

그야말로 완전히 빨가벗겨져 버렸다. 7~8차례 비적들이 지나간 다음에는 한 놈도 오지 않았다. 이젠 빼앗길 돈도 물건도 없다.

어느 역 플랫폼에 우왕좌왕 사람들이 가득하다. 기차를 갈아타야 하는 하얼빈 역이다. 치치하얼 방면에서 오는 조선사람들과 만났다. 이렇게도 조선사람들이 많이 와 있는 줄 미처 몰랐다. 인산인해다. 그쪽에서도 비적들의 습격을 받았다는 소식이다. 기차가 들어온다. 또 승차 전쟁이 시작되었다. 우연히 먼저 달아난 개척단 간부와 유지들을 만났다.

오르지 못한 부락민들이 간부들 좌석 창문을 두드리며 애원하는데 "좌석이 없다."하고 손을 젓고 있다. 나는 내 좌석 옆 창문을 올리고 그들을 끌어올렸다. 그리고는 울음보를 큰 소리로 터트렸다. "다 같이 죽고 다 같이 삽시다. 저들의 기차표는 내가 가지고 있소." 나는 참았던 울분이 폭발했다. 밑도 끝도 없이 눈물이 흘렀다. 원통하고 분한 눈물과 울음소리가 용솟음쳤다. 부락 사람들이 일제히 소리쳤다. "혼자 먼저 도망간 간부들이 왜 여기에 있노?" "내려라 내려!!" 무색해진 간부들이 "우리는 다음 기차로 갈게요."하며 자리를 양보하고 차에서 내렸다.

다들 떠난 자리에 대고 손가락질과 욕을 퍼부었다. 오랜 시간 끝에 삼가수역에 다다른 기차는 한 시간이 지나도 꼼작도 않는다. 알고 보니 여기가 종착역이란다. 드넓은 역전 광장 시멘트 바닥에 원을 그리고 둘러앉았다. 아이들과 부녀들을 가운데서 잠자게 하고 남자들은 밖을 보고 둘러앉아 밤을 새워 경비를 했다. 오늘이 추석이다. 교교히 높이 뜬 달을 쳐다보니 어릴 적 고향 마당 평상 위 어머님 무릎에 누워서 쳐다본 둥근달 생각이 난다. 부모형제들 처자식들 얼굴이 주마등처럼 하늘에 떴다 사라진다. 소복단장 어머님이 정화수 떠놓고 밤낮으로 이 아들의 무사귀환을 손이 닳도록 빌고 계실 텐데 참말로 죽지 않고 부모처자를 만날 수 있을는지? 나도 모르게 눈가에 이슬이 맺힌다.

My way

*침팬지가 퇴화한 인간이란 동물

침팬지와 인간의 DNA 차이는 불과 1.6%밖에 안 된다고 한다. 4촌 형제간이다. 인간들은 침팬지를 동물원 우리 안에 가둬놓고 영리한 애완동물이라고 히히대며 놀려댄다. 그리고 침팬지는 사람들을 우리 밖에 방사放飼해 놓고 〈본질을 잃어버린 교활한 변절자〉라고 멸시하며 손가락질한다.

*행복이란

모든 인간은 행복을 추구하며 살아간다. 그 행복이란 게 도대체 어떤 것이란 말인가? 개개인의 인생살이에서 가장 중요한 것이 이것이다. 우리말에 〈등 따시고 배부르면…〉 이란 말이 있는가 하면 〈의식주衣食住가 족해야…〉 란 말도 있다. 개처럼 소 · 돼지 처럼 배부르게 살면 행복할까? 그건 아니지 않은가!

젊은이들은 노후를 편안하게 지내기 위해 열심히 돈을 모은다. 정년퇴임 후 농촌에 가서 자연과 더불어 자연의 일부가 되어 등 따시고 배부르고 마음 편히… 그게 행복인가? 그건 개돼지도 하는 일이지! 인간답게 사는 것은 아니지 않은가?

식생활과 번식행위는 모든 생명체의 삶의 과정이며 무의식

적인 본능이며 행복의 목표가 아니다.

만물의 영장만이 가지는 특권이라고 할까? 군인은 전쟁터에서 싸우다 죽는 것이 영광이며 본분이다.

〈위대한 적이여 나타나라 너와 더불어 싸워 나 죽으려 하노라.〉

얼마나 멋있는 인생이냐.

누구나 다- 하고픈 일을 하다가 죽는 것이 가장 행복한 일일 것이다. 위대한 스승은 분필을 쥔 채 교단에서 쓰러지는 것이 행복일 것이며 미켈란젤로는 누워서 천정 벽화를 그린 3년 동안이 가장 행복한 때 였다고 한다. 위대한 시인이라면 몇 날 밤을 지새워 시를 쓰다가 드디어 완성된 시가 너무 마음에 들어 자리에서 벌떡 일어나 기쁨의 함성을 크게 지르다가 피가 솟구쳐 쓰러져 죽는다면 얼마나 행복할까 생각해 본다.

탈출脫出

망백望百의 나이
그날만을 기다리는 남은 나날 하도 억울해
아들 집 탈출해 외로운 독거노인의 삶

어제도 오늘도 허둥지둥 아등바등
그래서
좋으냐? 행복하냐!

아니 무척 힘들다

허나 내키는 대로 잠자고
내키는 대로 일어나고 내키는 대로 먹고
가고 싶을 때 가고 오고 싶을 때 오고

시를 쓰고 시집을 내고
시 낭송도 하고 문학 모임에도 가고

물보다 짙은 피

– 일본 헌병대장의 끄나풀

끝이 보이지 않는 드넓은 툰드라 억새벌판. 낯선 이 사람과 나 둘밖에는 아무도 없다. 무척 흥분된 말투로 난 소리를 높였다.

"성도 이름도 글자까지도 아니 언어뿐만 아니라 국가 민족 자체를 송두리째 말살시켜 빼앗아 가버린 왜놈들을 모조리 때려죽여버리고 우리 조선은 하루빨리 독립을 해야 합니다. 이대로 가면 우린 이 지구상에서 영원히 사라져 없어지고 말 것입니다. 난 학교 사환 박 군을 데리고 소만蘇滿 국경을 넘어 소련군에 합세하여 왜놈들과 싸워 목숨을 바칠 것입니다. 뜻 있게 보람 있게 살다가 티끌 같은 이 목숨 나라를 위해 멋있게 죽어야 하지 않겠습니까!!"

상대방은 아무 말이 없다. 일 부락 학교에 출장 갔다가 내가 근무하는 5부락 학교로 되돌아오는 길에 개척단 사무소에서 소개받은 이 사람과 나란히 이 십 리 길을 걸어가고 있는 중이다. 이 사람이 우리 조선사람이란 것 밖에 난 아무것도 모른다. 난 학교 사환 박 군과 소만 국경을 넘어 소련 땅으로 가서 떳떳한 독립군으로 왜놈들과 싸워 장렬한 전사를 하고자 굳게 마음먹은 스무 네 살 충경개척단 5부락 학교 책임 교사다.

사환 박 군은 소만 국경 지도를 구해 와서 하루빨리 소련 땅으로 넘어가자고 애타게 졸라댄다. 왜놈들의 전세가 나빠져 이젠 마지막 발악상태다. 지금까지는 우리 개척단이나 학교에는 아무런 억압조치가 없었으나 왜놈들이 전쟁의 위급한 상황에 다다르면 어떤 행동을 취할지 모르는 일이다. 군인이나 노무자로 징발할는지도 모른다.

하루빨리 소련 땅으로 넘어가야 한다. 일본의 지배하에 있는 이 만주국에서는 언제 왜놈들이 들이닥쳐 횡포를 부릴지 모른다. 초조한 마음과 다급한 심정에 나도 모르게 낯선 이 동포에게 하소연을 하게 되고 말았다. 내 몸에는 젊은 피와 나라를 되찾고 싶은 소원이 펄펄 끓고 있었기 때문이다.

거품을 물고 장시간 열변을 토하고 나니 목이 마르고 갈증이 났다. 두 시간 끝에 4부락에 다다랐다. 그 사람은 여기 4부락에 들러야겠다고 악수를 하며 뻬안(北安)에 들리거든 뻬안에 있는 일본군 헌병대장실로 한번 놀러 오라고 청하며 창씨개명한 中山이란 자기 이름을 가르쳐준다. 앗 청천하늘에 날벼락이다. 이자가 바로 일본군 헌병대장의 앞잡이구나. 난 대갈통을 얻어맞은 것처럼 횡 내둘리며 아찔했다. 가슴이 울렁거리며 온몸이 떨렸다. 일본 헌병대장에게 끌려가 몽둥이로 두들겨 맞고 일본도로 내리치는 순간이 떠올랐다. 무지막지한 그 고문을 견디어 낼 자신이 없다. 너무나도 두렵다. 오늘밤 바로 국경을 넘어야겠다.

일본 헌병이 날 잡으러 오기 전에 떠나야한다. 떨리는 다리를 재촉하며 허둥지둥 십 리 길을 엎어져라 자빠져라 집에 다다랐다. 부락민의 인사에 답을 했는지도 기억이 나지 않는다.

이불 속에 파고들어 번데기처럼 쪼그리고 누워 오들오들 떨고 있었다. 학부형 회장 집에서 저녁 먹으로 오라고 향이가 왔는데 난 아무 답을 하지 못했다. 답할 기력이 없었다.

저녁밥을 먹었는지 잠을 잤는지 멍하게 날이 밝았다. 박군이 찾아왔다. 난 아무 말을 못했다.

학교에도 못 나갔다. 학부형 회장과 학생들이 문병을 왔다. 난 자꾸만 떨기만 했다. 갑자기 배가 무척 고팠다. 향이네 집으로 후들후들 떨며 들어가니 회장이 날 부추겨 방으로 들어가 사흘 굶은 사람처럼 눈 깜작하는 사이에 밥 한 그릇 국 한 대접을 비우고 반 그릇을 더 먹었다. 그리고 그 자리에 드러누워 잠이 들었다. 새벽녘에 잠에서 깨어 내 방으로 돌아왔으나 더는 잠을 이룰 수가 없어 먼 길 떠나는 사람처럼 괜스레 이것저것 물건들을 매만져보곤 했다. 불안이 연속되고 얼떨결에 한 주일이 흘렀다. 그러던 어느 날 제정신이 돌아왔다. 이래서는 안 된다. 무슨 조치를 취해야 한다. 나라 위해 목숨 바칠 각오를 한 사람이 이게 뭐람.

그런데 아직까지 날 붙잡으러 오지 않는 것이 이상하다. 직접 부닥쳐 봐야겠다. 다음 날 아침 일찍 뻬안으로 나가 일본군 헌병대로 갔다.

만주국 북안성 북안현 북안滿洲國北安省北安縣北安에 있는 일본헌병대에는 대일본헌병대大日本憲兵隊란 간판이 크게 붙어 있다. 이젠 아무 두려움도 없어졌다. 2층 대장실로 올라갔다. 건장하게 생긴 일본인 대장은 날 친절히 맞이했다. 난 충경개척단 5부락 책임교사라고 자기소개를 하고 나까야마씨中山氏를 만나로 왔다고 하니 앉으라고 의자를 가리키며 친절히 대한다.

"나까야마 씨가 밖에 나가고 자리에 없으니 나에게 이야기를 하게나." "나까야마 씨에게 할 이야기는 뭣이든 전부 나에게 이야기해도 좋다."하며 "좋은 정보라도…?"하고 정보를 재촉한다.

"불량 불순한 무리나 아편 재배단지나 독립군비적이나…." 한다. 난 찡하고 뇌에 충격을 받았다. "아닙니다. 나까야마 씨가 한번 놀러오라 해서 지나가는 길에 놀러 왔습니다." 하니 "뭐야? 지금 없으니 나가라." 하고 냉정한 태도로 돌변했다. 나까야마란 자가 밀정이며 그 밑에도 여러 사람의 끄나풀이 또 있다는 것을 직감하고 놀라지 않을 수가 없었다.

난 헌병대 건물을 벗어나 먼 길가에 덥석 주저앉아 안도의 긴 한숨을 내쉬었다. 나까야마 씨는 날 밀고密告 하지 않았구나. 그날 밤 잠 이루지 못하고 곰곰이 생각하니 〈피는 물보다 짙다〉라는 것을 깨달았다. 그리고 난 그 사람의 안녕을 빌었다.

사냥 일기

어제 떨군 엄청 큰 그 산돼지 발자국을 따라 가랑이가 푹푹 파묻히는 깊은 눈 속을 허우적댄다. 저녁 굶은 시에미 쌍판대기 같은 하늘은 곧 함박눈이라도 퍼부을 것 같이 음산하고 잎 하나 남김 없이 떨궈버린 나목裸木들은 휘휘휘휘 귀신 울음소리 같은 비명을 지르고 있다. 한 주일이 넘도록 산돼지를 한 마리도 잡지 못하고 지리산 깊숙한 이곳에서 처참한 나날을 보내고 있다.

땅끝 소만국경蘇滿國境 북만주 툰드라 벌판 開拓團 國民優級學校에서 코흘리게 아이들에게 가갸거겨를 가르치다가 8·15 해방을 맞아 구사일생으로 돌아왔는데 해방된 내 조국 대한민국의 무질서는 야만인이 따로 없고 장사꾼들의 상도의商道義는 땅에 떨어지고 권력자들의 횡포는 안하무인이고 아부꾼들의 비굴함은 차마 눈 뜨고 볼 수가 없다. 정치 모리배들은 진정 조국을 위한 외침인지 어느 상전을 위한 아부 인지 자신의 입신출세를 위함인지 목구멍이 찢어지도록 날뛰고 정치가 무엇이고 나라를 위함이 무엇인지도 모르는 일자무식한 건달들까지 미쳐 날뛰고 있다.

참다운 조국의 부강을 갈망하고 목숨 바쳐 싸워왔던 선구자들에게는 통탄의 가슴이 찢어질 것이다. 목숨 걸고 찾아온 내 조국이 요 모양 요 꼴이고 보니 실망보다 오히려 분노가 더 크게 치밀어 견딜 수가 없다. 나는 사냥총 한 자루 달랑 둘러메고 속세와 격리된 아무도 모르는 지리산 제일 깊은 오지奧地 마을 오봉 부락으로 파고들어 망각의 길을 헤매고 있다. 마음이 아픈 사람은 술에 취해 그 괴로움을 잊고자하는데 난 사냥에 미쳐 속세를 잊어버리고자 깊은 눈 속을 헤매는 나날을 보내고 있다. 죽을 둥 살 둥 산돼지를 쫓아 헤매는 동안에는 일편단심 산돼지만 보이고 모든 번뇌는 다 사라지고 숙소에 돌아오면 솜털 뭉치같이 피곤해 깊은 잠에 빠져버리니 얼마나 좋은가. 커다란 산돼지를 쏠 땐 난폭한 독재자를 겨누고 방아쇠를 당긴다는 심정으로 쏘고 꿩이나 노루를 쏠 땐 사리사욕에 눈먼 비겁한 자, 국가를 좀먹는 친일파들이라 생각하고 어금니를 악물고 방아쇠를 당긴다. 그렇게 쏘아 잡으면 조금은 분풀이가 되는 것 같아 속이 시원하다. 심장이나 대갈통을 쏘아 잡은 짐승을 물끄러미 내려다보면 비겁하게 살다가 허무하게 죽는 자의 비참한 모습 같고 죄지은 자의 벌 받는 모습같이 씁쓸하고 한편 통쾌하다.

산이 높아 한나절이나 되어야 해가 뜨고 일찌감치 어두워지는 깊은 산중이라 새벽 해 뜨기 전에 숙소를 나와 어두워질 때까지 험한 눈 산을 죽을 둥 살 둥 넘어지고 엎어지고 헤매다가 솜털 뭉치같이 망가진 피곤한 몸을 이끌고 숙소로 돌아온다. 부락 늙은이 젊은이 10여 명이 놀러와 막걸리 한 대접 두부 한 접시 노루나 산돼지 내장탕 한 사발씩 맛있게 먹으면서 도회지 살아가는 이야기 정치 이야기 산돼지 사냥 이야기 등 쓰잡잖은 이야기들을 희희낙락 한바탕 떠벌리다가 밤늦게 돌아가고 나면 적막강산 허허로움뿐이다.

이제야 일기를 쓸 시간이 생겼다. 그 일기가 모여 〈나의 수렵행장기狩獵行狀記〉란 사냥일기 3권이 되었다. 투르게네프처럼 멋있는 글을 쓰고자 무척 애를 썼다. 열서너 집 온 동네 사람들은 죽은 듯 잠들었는데 아직도 잠 못 이루고 실체 없는 허상을 붙들고 괴로움에 몸부림치고 있다. 내일은 명당골 그 엄청 험한 골짜기를 샅샅이 파고들어 어제 도망간 그 커다란 산돼지를 꼭 잡아야 한다. 그놈에게라도 분풀이를 해야 속이 시원하게 풀릴 것 같다. 불을 끄니 세살문 창호지에 달빛이 처량하다. 나의 방랑생활을 못마땅하게 여기는 가족들 친지들 당신들이 내 이 깊은 괴로움을 어찌 상상이나 할 수 있을까마는 굳이 바라지도 않는다. 나 혼자 괴로워하고 외로워하는 것으로 족하다. 펄펄 끓는 정열에 온몸이 불덩어리였던 북만주 툰드라 그 아리따운 추억들이 돌덩어리로 내 가슴에 틀어박혀 견딜 수가 없구나. 이열치열以熱治熱 이렇게 사냥에 미치는 길밖에. 어느덧 드르렁 드르렁 코를 골며 깊은 잠에 빠진다. 꿈속에서도 그 큰 산돼지를 쫓아다니고 있는가?.

헤밍웨이처럼 바다낚시를 좋아하는 방랑자

〈노인과 바다〉는 작품으로는 감동적이지만 낚시꾼들에겐 별로 큰 스릴은 없다. J 시에 처음으로 바다낚시회를 창립하여 초대 회장이 되어 백도 거문도 등 우리나라 남해안을 20여 년 동안 헤매며 낚시에 미쳐 살았다. 절경의 무인도 백도에서 20여 회원이 30일간 밤낮 연속 낚시를 감행, 그것도 12월 크리스마스 그 추운 혹한에 시작했다. 이것은 바로 얼음지옥이었다. 바람 한 점 막아줄 산 하나 없는 망망대해 갯바위에서 텐트가 강풍에 부닥쳐 바위를 때리는 소리는 새우처럼 오그라져 누운 내 몸뚱이를 때리는 용궁 사자使者의 곤장 같았으며 〈아이 추워-〉하는 내 울부짖음은 그야말로 지옥의 고문 그 비명 그것이었다. 끝내는 아는 사람 하나도 없는 낯선 통영으로 이사를 가서 아파트 방 하나를 얻어 4년 동안 밤낮으로 낚시에 미쳐 살았다. 갯바위 밤낚시는 헤밍웨이의 배낚시 보다 수십 배 수백 배나 스릴이 있다. 달도 없는 캄캄한 갯바위에서 헤드라이트 하나에 의지해 절벽을 기어 오르내리고 밀물 썰물 때를 맞추어 허둥지둥 뛰어다녔다. 달이 없는 캄캄한 밤이라야 고기가 미끼를 잘 무는 법이며 고기가 사는 수면에는 불빛을 비추어서는 안된다. 남들이 잘 가지 않는 미개척지를 탐

색 개척하는 스릴은 말로 형용할 수가 없다. 한 치 앞을 분별할 수 없는 캄캄한 절벽을 더듬더듬 헤드라이트 하나에 의지해 기어 내려가다가 감감한 수 십 길 낭떠러지에 부닥쳐 죽음을 눈앞에 맞이하게 되면 아찔 가슴이 철렁 내려앉는 썰렁한 전율을 느끼기도 한다. 첫 개척지에서 남달리 큰 고기와 많은 수량을 낚았을 때의 위풍당당함은 천하를 얻은 것에도 비할 수 없다. 추자도에서 60cm 급의 감성돔 대어를 낚았을 때는 말문이 막혀 버렸다. 전혀 낚이지 않던 어느 날 밤, 수십 길 까마득한 절벽 밑 거센 파도가 휘몰아치는 손바닥만 한 바위틈이 모든 꾼의 첨망의 포인트였다. 난 륙색에서 10여 미터 루프를 끄집어내어 꼭대기 바윗돌에 단단히 걸어 묶고 그 루프를 캄캄한 어둠 속 바다로 던졌다.

그리고 작은 륙색에 미끼통과 미끼와 낚싯대 도구 등을 넣어 짊어지고 루프에 매달렸다. 지금 생각해도 실로 아찔하다. 월래 난 스테인리스란 별명의 사나이다. 나이 들어도 녹슬지 않는다는 말이다. 지리산 맹수사냥에서 다진 강철 같은 몸이었다. 적막강산이란 말이 있다. 헤드라이트엔 성난 파도치는 거센 바다만 보이는 캄캄한 암흑 속으로 미끄러져 내려간다. 루프가 짧아 절벽을 보듬고 미끄러지고 뛰어 건너고 공포와 스릴을 공유하는 갯바위낚시의 즐거움은 형용하기 어렵다. 〈왔다. 또 왔다. 왕 볼락이다.〉 파도가 휘몰아쳐 갯바위를 후려치니 거센 포말이 내 바짓가랑이를 내리쳐 허리까지 물벼락이다. 숨 쉴 틈도 없이 허둥지둥 낚다보니 낚시가방이 가득하다. 만조가 다 되었다. 만조가 되면 물이 유동流動하지 않음으로 고기가 낚이지 않는 법이다. 만 탱크에 마음이 바쁜 난

고기 가방을 짊어지고 루프에 매달려 절벽을 기어올랐다. 〈아이쿠 무거워〉 스파이크가 달린 일제 갯바위 신발 지까다비를 절벽 바위에 힘껏 찍어 버티고 팔뚝에 루프를 돌려 감아 힘껏 잡아당겼다. 한 걸음 또 한 걸음 기어오르기를 밑도 끝도 없이 되풀이하여 천신만고 꼭대기에 올라 그대로 뻗어버리고 말았다. 휴- 너무 힘 든다. 허나 이게 어디냐. 의기양양 고기를 쏟아 부으니 쿨러가 그득하다. 〈야! 서방 죽고 처음이다.〉 시간이 흘렀다.

몇 시나 되었나? 아직 동트려면 멀었다. 엉금엉금 배밀이로 절벽 끝에 기어가 밑을 내려다보니 욕심이 되살아난다. 다시 한 번 더 내려갈까? 한참이나 망설이다가 천성적인 타-잔 같은 모험심이 되솟아나 맹목적으로 대어가 부르는 유혹에 이끌려 루프에 매달렸다. 물때가 바뀌어 물 흐름이 바뀌고 포인트가 바뀌었다. 아뿔싸 커다란 감성돔이 걸려 올라오다가 낚싯바늘이 부러졌다. 〈에이 참, 대어 였었는데….〉

동녘 하늘이 부옇게 먼동이 튼다. 저 멀리 갯바위 끝에서 동료들의 날 부르는 소리가 자자하다. 물때도 지났다. 도구를 다 챙겨 루프에 다가서니 아득한 공포가 엄습한다.

지금 생각하니 그때 루프에서 떨어져 용왕 궁으로 가지 않은 것이?

죽음 부른 스트레스

스트레스는 만병의 근원이라 하지만 마음만 굳으면 까짓것 스트레스쯤이야 쉽게 풀어 넘긴다고 생각했었다. 난 여간해서 스트레스 받지 않을 자신이 있다. 망백望百의 풍상風霜을 넘어오다 보니 희로애락의 바닷속에 빠져 허둥대며 오늘까지 기어왔으며 앞으로 죽는 날까지 또 스트레스를 보듬고 살아갈 것 아니던가. 인간뿐 아니라 모든 동물과 심지어 식물들까지도 매우 크게 영향을 받는 것이 스트레스라고 한다.

1979년 그러니까 내가 있는 힘을 다 바치고 청춘을 불 살려 야생동물보호운동을 할 때였다. 지리산의 한 자락 산청과 함양의 경계에 있는 조그만 헐어빠진 오두막에 40대의 그야말로 백수건달이 살고 있었다. 초등학교를 겨우 나와 무일푼에 할 수 있는 일이 아무것도 없었다.

집 앞 엄천강 물속에 들어가 물고기를 작살로 찍어내는 일, 덫으로 수달을 포획하는 일, 산에 가서 올가미와 덫을 설치하여 산돼지와 노루와 오소리 너구리와 토끼를 잡아 파는 일이 전부 였다. 그는 인근에서 그런 잡기로 유명했다.

서울 H 신문사 사진 기자와 같이 그의 집을 찾았을 때 그 집 마당 가에는 돌을 층층으로 싸 올려 둥근 원통을 만들어 놓고 위에는 그물을 씌워 놓은 것이 있었는데 그 속에 생포한 노루가 살아있었다. 건강에 좋다고 노루 피를 원하거나 맛있는 노루고기를 값싸게 구하는 사람에게 팔려고 나날이 원매자願賣者를 찾고 있었다. 〈이런 행위는 불법이며 벌을 받는 행위며 자연을 보호하기 위해 해서는 안 되는 일이다.〉라고 계몽을 해야 할 나는 아연실색했다. 〈먹고 살기 위해 가진 노력을 하고 있는데 자연보호니 야생동물보호니 하는 말은 나에게는 사치스럽고 부담을 주는 부당한 말이다.〉하고 마치 아프리카 원주민들과 같은 원시적인 사고방식의 강경한 반발을 한다. 나는 야생동물보호의 커다란 암을 제거하기 위해 무지한 이 백수건달을 포섭해야 한다고 생각했다. "이 노루 얼마요? 내가 살게요." 하니 멀뚱멀뚱 날 쳐다만 보고 말이 없다. 경찰서에 가자고 호통을 칠 줄 알았는데 의외의 태도에 당황한 그는 "미안합니다. 먹고 살 방법이 없어서…."하고 태도 일변 온순해 졌다. 거금 2만 원을 지불하고 살아 날뛰는 노루에게 눈가리개를 씌우고 발을 묶어 야생동물보호협회 봉고차 뒤 칸에 실었다. 약 한 시간 반을 달려서 야생동물보호협회 경남 부산 K 지부장의 동물보호소에 보듬어다 풀밭에 놓아주었다. 철조망이 쳐져 있는 초원 들판에 들어간 노루는 후다닥 다급하게 뛰어가다가 드러 누웠다. 여기에는 이미 여러 개체의 야생동물을 기르고 있다. 오늘은 죽은 목숨 하나 살리고 또 귀한 동반자 하나 얻었다고 즐거운 마음으로 사무실에 돌아왔다. 그리고 며칠 뒤 〈노루가 죽었다.〉는 연락을 받았다.

급히 달려가 보니 처음 풀어준 그 자리에 누운 자세 그대로 죽어있었다. 아무 상처도 없고 가해한 사실도 없다고 한다. 스트레스다.

처음 산에서 올가미에 걸려 하루 동안 탈출하려고 죽을 힘 다해 날뛰며 허둥대던 때는 악을 쓰느라 스트레스를 받을 짬도 없었을 것이다.

올가미주인에게 붙들려 두 다리를 묶이는 공포의 스트레스, 사람 사는 집에 와서 하룻밤 묶여 있던 스트레스, 돌무더기 울타리 속에 갇혀 죽을지 살지 모르는 스트레스, 며칠 동안 먹이를 거부한 스트레스, 생후 처음으로 눈이 가려지고 다리가 묶이고 이상한 공간 속에 갇혀 한 시간 반 동안 자동차 요동에 시달리던 스트레스, 도로에서의 엔진 소리 클랙슨 소리에 대한 스트레스, 동물보호소의 철조망 속 낯선 풀밭에 버려진 불안의 스트레스, 구속에서 풀려나니 맥이 확 풀렸을 게다. 그리고 오륙일 동안 죽기 아니면 살기의 극도의 긴장으로 살다가 천우신조로 드넓은 풀밭에 풀려나는 안도에 맥이 확 풀리고 누적된 스트레스가 한꺼번에 밀려와 왈칵 심장이 멎었을 것이다. 만일에 만일에 말이다. 내가 식인종 인간이나 다른 육식동물에게 사로잡혀 갔다고 가정을 해보자. 얼마나 스트레스를 받았을까? 종의 멸종을 방지하기 위해 적극적으로 그들을 보호해야 함은 오늘날의 큰 과제이며 인간이란 폭도暴徒에 의해 자연이 훼손 되어 죽어가고 있다는 사실에 대해 우리 인간들은 깊이 반성하고 적극적으로 보호대책을 세워야 할 것이다. 그리고 내가 죽기 살기로 온 힘을 다해 한 푼의 보수도 없이 하고 있는 야생동물보호라는 이 일은 정말 보람 있는 일이며 자랑하고자 하는 일임에는 틀림없으나 가족과 이웃의 반발을 무릅쓰고 강행한다는 것은 정말 스트레스받는 일이다.

종족 보존

요염하게 꽃들의 향연이 약동하던 오월도 서서히 꼬리를 감추고 바야흐로 피 맺힌 유월이 코끝을 내밀었다.

지난 오월에는 우리 부산문인협회에서 봄 문학기행을 다녀왔다. 그것도 풍광이 뛰어난 명승지들을 다 두고 내 고향 지리산 한 귀퉁이 산청 세계전통의약엑스포 개최지에 간다기에 얼싸 좋다 하고 제일 먼저 참가비를 보냈다.

세 대의 관광버스가 내 고향 내 집 앞을 지나고 아버지 어머니의 산소 앞을 지날 땐 남모르게 모자를 벗고 두 눈을 감으며 망배望拜의 기도를 올렸다.

어머니 아버지 감사합니다. 나를 이 세상에 태어나게 해 주시고 이렇게 이 나이 되도록 건강하게 그리고 행복하게 해주시어서 얼마나 얼마나 고마운지 모르겠습니다. 삼억 개체들의 경쟁을 물리치고 나 혼자만이 인간으로 태어났다는 영광 이것은 분명 하나의 기적이 아닐 수 없다. 돌이켜 생각하니 아흔네 해 동안 이 땅 위에서 얼마나 복을 누려 왔던가? 비록 독거노인으로 밥 한 끼, 라면 한 끼로 외로움과 싸워가면서도 만족과 보람으로 정신적 만족을 만끽하고 있으니 그 무엇을 또 바라리.

가마득히 헤아리기도 어려운 사십육억 년 전 우주공간에

원인을 알 수 없는 대폭발이 일어나 크고 작은 많은 불덩이가 빈 공간으로 퉁겨져 나와 그 인력引力으로 불덩어리가 자전自轉하며 우주공간을 질주하면서 식어가는 시간이 무려 일억 년이나 흐르는 과정에서 암흑과 불덩어리와 번개와 뇌성과 폭우와 상상하기조차 아찔한 공포의 시간이 흘러 지구란 한 불덩어리의 표피가 냉각되고 거기에서 생명체인 아메바가 생겨난 것은 커다란 기적이다. 그리고 아메바 그것이 지구 위 생명의 모체가 되었다.

이 생명체가 환경에 적응하고 진화하여 물갈퀴가 없어지고 꼬리도 없어지고 힘센 다리도 생겨나 땅 위에서 삶을 영위하는데 적응하게 되고 어느 종은 완전히 다른 형태로 바뀌게 되기도 하며 지구란 땅덩어리 위에는 수많은 종이 생겨났다.

원숭이가 생겨나 진화하여 인간이 되었다.

거대한 몸집의 육식동물들이 먹고 먹히는 생존투쟁의 아수라장이 되었으며 바닷속에서도 형체가 바뀌고 약육강식弱肉強食이 일어났다.

힘이 약한 종은 종족유지種族維持가 어려워 멸종위기에 처하고 완전 절종된 종도 허다하다. 따라서 종족 보존만이 지상至上의 목표며 사명이 되고 말았다. 그 지상명령至上命令을 수행하기 위해 물고기는 수억 개의 알을 산란해야 단 몇 개체가 부화해서 살아남게 되고 또 어떤 종은 알 속에 독을 품어 적이 알을 먹지 못하게 했다. 어느 종은 적이 접근하기 어려운 나무 위에서 살기도 하고 공중을 날아다니기도 한다. 또 어느 종은 악어새처럼 상대를 돕고 보호를 받고 어떤 종은 다른 개체의 몸에 기생을 하기도 하며 상부상조한다. 종족 보존을 위해선 수놈은 항상 암컷을 임신시킬 수 있게 준비를 해두어야 하고 사슴과 양과 닭과 물개처럼 한 마리의 수놈은 수십 수백 마리의 암컷을 가임기 그때그때에 임신시킬 수 있는 능력과 다량의 정자를 가지고 있어야했다. 일부다처제가 절실한 이유다.

또한 임신이 가능한 암컷은 언제든지 수놈을 받아드려야 한다.

그 예例로 에도江戶 도꾸가와德川 등 전국시대의 일본에서 남자들이 싸움터에서 전사하여 그 수가 모자라자 그 수량을 채우기 위한 다산多産을 위해 여자들은 언제 어느 곳에서나 남자들의 요구에 응해야한다는 영令을 내렸다.

그 목적을 달성하고 성과成果를 거두기 위해 여인들은 곧바로 하체를 노출시키기 위해 하의를 쪼개 갈라놓았고 속옷도 입지 않았다. 침낭도 등에 지고 다녔다(オビ 帶). 모든 생물의 암컷은 종족번식의 가장 중요한 주역主役 임에 틀림없다. 이러한 현실에서 목숨이 위급한 상황에 처했을 땐 lady first, baby first가 종족유지의 필수 최고의 방도가 되었으며 수놈은 백 개체가 죽어도 남은 하나가 수놈의 임무를 다 하는 데에 큰 지장이 없지만 암놈은 한 개체만 죽어도 그 영향이 막대하다. 실제로 암탉 한 마리가 나은 알과 병아리들과 그 후손들의 수는 기하급수로 불어난다. 오늘날 인간들이 닭고기와 오리고기와 돼지고기와 쇠고기와 양고기를 마음껏 먹을 수 있는 것도 다 그들의 다산으로 인한 종족 번창繁昌 능력 때문이다. 그러지 않았으면 그늘은 이미 오래전에 멸종되었을 것이며 우리는 맛있고 영양가 높은 고기를 먹지 못해 영양실조가 되었을지도 모른다. 문화인들이 여자와 어린이들을 귀하게 대접

하는 것도 종족이 살아남기 위한 한 방도에 불과하며 이제는 풍속습관이 되어버렸다.

타이태닉호에서 살아남은 남성은 단지 19%뿐인데 여인은 77%나 되며 선원들은 남자는 22%가 살아남았는데 여승무원은 91%가 살아남았다.

이 종족보존의 불문율을 어기면 사회적 도덕적 지탄을 받게 될 뿐 아니라 종족 보존 번식에 지장이 클 것이다. lady first, baby first가 있기에 우리 인간은 만물의 영장으로 번영하며 그 지위를 유지 할 수 있는 것이 아닐까!

요즘 임신 출산을 기피하는 젊은이들이 많아 그 나라 국운에 크게 영향을 미쳐 걱정스럽다.

내 작품 속의 꽃

삶을 영위하고 종족번식을 위해 모든 생명체는 자라나 꽃을 피우고 향을 풍기며 열매를 맺어야 한다. 그것은 자연의 섭리며 또한 그 종족의 사명이다.

봄이면 온 산이 아름다운 꽃으로 가득하며 향기로 충만하다. 우리는 그 아름다움에 그 향에 취해 평화를 느끼며 사랑을 느낀다.

꽃을 싫어하는 사람도 있는가? 특히 정서적 감정이 풍부한 시인들은 더더욱 꽃은 좋아한다. 나는 남 달리 꽃을 좋아해서 건국대학 원예 교수에게 10여 개월 동안 난蘭 기르기 등 원예 교육을 받았다.

우리 집 아파트 발코니에는 발 디딜 틈도 없이 꽃과 향으로 가득하다.

나는 특히 향이 짙은 꽃을 좋아해서 풍란, 석곡, 긴기아남, 금목서, 은방울꽃, 매발톱꽃, 야래향, 쟈스민들을 기르고 있는데 독거노인의 외로움을 발코니 꽃들이 달래주고 있다.

20여 년 전 밀양 딸네 집 서점 옥상 30여 평에 많은 돈을 들어 꽃밭을 조성하여 아름다운 꽃을 심어놓고 거기에 취해 살았다. 가지각색 야생화와 화려한 장미, 등치 큰 모과나무, 10여 그루의 줄장미는 인도人道를 향해 우쭐우쭐 춤을 추고 원근에서 꽃구경하러 사람들이 모여들었다.

특히 200년 된 빗살무늬 기와에 5년 자란 풍란을 부쳐 그 당당한 풍채와 짙은 향에 황홀하게 취해 나날을 보냈다.

2004년에는 야생화 생태 시집 '빨간 들꽃 하얀 풀꽃' 2,000부를 출판했는데 야생화 사진을 원색으로 100여 종 수록하고 꽃말, 전설, 로마 신화, 그리스 신화, 기르는 법, 인체에 미치는 약효 등을 기록하느라 80여 권의 야생화 서적을 뒤져 한 해 동안 힘겹게 편집해 참 좋은 책이란 말을 많이 들었다.

매년 4월 15일경이면 밀양 땅 높은 산언덕 얼어붙은 동토를 뚫고 복수초와 노루귀가 빼꼼히 솟아나는 신비로운 아름다움은 강인한 생명의 고귀함을 되뇌게 해 많은 동호인들이 해마다 찾아가게 하고 감탄을 자아내고 사진으로 수록하고 시 창작 대상이 되고 했다.

지금도 해마다 이백 년 된 빗살무늬 기와에 다섯 해 된 풍란을 붙인 서른 작품을 내가 속해있는 부산문인협회원, 재부 산청문우회원, 시 낭송회원과 친지들께 나누어주고 있다.

지난 4월 26일 100여 회원이 있는 시낭송회에 기와붙임 풍난 5작품을 추첨으로 나누어 주었더니 너무들 좋아해서 선물하는 나도 행복감을 느꼈다. 아쉽게 당첨되지 못한 시인들께는 꼭 원하는 분을 내 집으로 초대서 한 작품 식 나눠주기도 했다. 죽는 그 날까지 계속해야 할 텐데….

2008년 봄 김해 장유에서.

사전의료의향서事前醫療意向書 (well dying)

한여름 언덕배기 거친 황토 솔밭 땅을 고물고물 한 무리의 개미 떼가 부지런히 먹이를 찾아 기어 다니고 높은 가지에서는 7년 동안 땅속에 있다가 이제 막 땅 위에 올라온 매미들이 짝을 불러 목청을 높이고 있다. 풀 한 포기 꽃 한 송이 벌레 한 마리 살아있는 모든 목숨의 아름다운 모습은 평화 바로 그것이며 희망이며 행복이다. 잘생기지도 못하고 힘도 약하고 별 존재가치가 없다 하더라도 모든 생명체는 나름대로 열심히 살아가는 것이 그 본능이다.

어숭숭 털이 난 우리네 조상인 원시인 호모사피엔스 북경인을 되새겨보자. 바로 원숭이 그것이다. 발놀림 손놀림 우우 소리만 지르고 말도 못 하는 한 마리의 동물, 혹한에 떨고 더위에 허덕이며 바위 동굴 속에서 혹은 나무 위에서 굶주림과 질병에 죽어가는 그 모습, 덩치 큰 육식동물들의 먹이가 되고 부족끼리의 싸움에서 어느 부족은 멸족되고 어느 부족은 쫓겨나고 삶 그 자체가 전투며 불안과 공포의 연속이었다.

다시 말해 우리는 보잘것없는 한 마리 동물의 진화체進化體다. 만물의 영장이란 이름은 인간 자신이 지은 자화자찬自畵自讚의 허영이다.

삼라만상森羅萬象 중 어느 것 하나 위대하지 않은 것은 없다.

그리고 영원불멸한 것은 아무것도 없다. 꽃은 피어 열매를 맺고 새들은 사랑을 노래하고 짐승들은 무리 지어 노닐며 인간들은 삶을 찬미하며 지구는 사랑에 충만해 있다. 인간의 수명은 불가 70~80년. 요즘 의학의 발달로 100년을 바라볼 수 있을 뿐인데 인간들은 죽지 않는 영생永生을 꿈꾸고 있다. 3천 갑자甲子 18만 년이나 살았다는 동방삭東方朔의 허황된 전설에 매료되어 있으며 파괴해서는 안 되는 자연의 섭리를 우리의 욕심이 깨트리고자 하고 있다. 오랫동안 사용해 내 몸의 세포가 닳아 낡고 병들어 그 수명이 다 했는데도 더 살고자 한다. 기능이 떨어져 움직이지를 못하는데 병원에서는 의학적 화학적 방법으로 연명을 시도하고 있다. 억지를 부리고 있는 것이다. 뇌세포가 낡아 의식이 없는데 산소마스크를 씌우고 심폐소생술을 하고 물리적으로 심장을 박동시키고…

불가능에 매달려 욕심을 부린다. 자식들 돈 뜯어다가 병원에 바친 돈이 얼마인가? 자식들은 파산하여 거지가 되고 환자는 의학적 화학적 치료의 고통 속에 신음하고 있는데도 가족들은 형식에 얽매여 남의 눈치에 얽매여 케케묵은 전통에 얽매여 때론 유교의 전통사상 효孝를 따르려고 무의미한 연명행위延命行爲에 허둥대고 있다. 무의미하게 억지로 연명을 시도하는 것보다 편안하게 하늘나라로 보내드리는 것이 효 그 자체가 아닐까 깊이깊이 생각해보자. 모든 사람 특히 늙은이는 사전의료의향서를 만들어 환자 자신의 고통을 덜고 자식들의 재산을 지켜주며 환자보다 더 힘든 가족들의 괴로움을 덜어주고 웃으면서 편안하게 하늘나라로 떠나야 할 것이다. 불가능한 허욕을 버리면 마음이 평화로워지며 그것이 바로 천당이다. 나는 천당에 갈 준비를 다 해 놓고 나니 병마에 대한 공포와 불안이 사라지고 마음이 평화로워졌다. 존엄사다.

우리는 참으로 복이 많아 우연히 타의他意에 의해 짐승이나 곤충이나 그런 것이 아닌 인간으로 이 지구 위에 태어나 100년 가까이 얼마나 행복하고 멋있게 살았는가?

천상병 시인은

〈나 하늘로 돌아가리라. 새벽빛 와 닿으면 스러지는 이슬 더불어 손에 손을 잡고. 나 하늘로 돌아가리라. 노을빛 함께 단둘이서 기슭에서 놀다가 구름 손짓하면은. 나 하늘로 돌아가리라. 아름다운 이 세상 소풍 끝내는 날 가서, 아름다웠더라고 말하리라---〉고 노래했다. 우리도 천상병 시인처럼 멋지게 행복하게 이 세상 살다 평화롭게 가자꾸나.

식물인간植物人間 만 년이면 넉넉한가?

치매로 천년을 살면 만족한가?

목숨만 붙었다고 행복한가?

南岡 李鍾遠 詩文輯

아름다운 끝자락

인쇄: 2016년 6월 27일
발행: 2016년 6월 30일

지은이: 이종원
펴낸이: 최경식
펴낸곳: 도서출판 청옥문학사
인쇄처: 세종문화사

출판등록 제10-11-05호
E-mail: kyu500@hanmail.net
전화: 051-517-6068

값 10,000원

ISBN 978-89-97805-51-8 03810

이 도서의 국립중앙도서관 출판예정도서목록(cip)은 서지정보유통지원시스템 홈페이지(http://seoji.nl.go.kr)와 국가자료공동목록시스템(http://www.nl.go.kr/kolisnet)에서 이용하실 수 있습니다.(cip2016012894)

* 이 책의 부단전재 및 복제행위는 저작권법에 의거, 처벌의 대상이 됩니다.

* 2015년 한국예술인 복지재단의 [창작 준비 지원금]을 통해서 도움을 주셨습니다.